玉见文明

远古玉器考证

任霖 著

百花洲文艺出版社
BAIHUAZHOU LITERATURE AND ART PRESS

图书在版编目（CIP）数据

玉见文明：远古玉器考证/任霖著.--南昌：
百花洲文艺出版社，2021.4
ISBN 978-7-5500-4221-6

Ⅰ.①玉… Ⅱ.①任… Ⅲ.①古玉器—中国—图集
Ⅳ.① K876.82

中国版本图书馆 CIP 数据核字（2021）第 058985 号

玉见文明：远古玉器考证　　任霖　著

出 版 人	章华荣
责任编辑	杨　旭
装帧设计	文人雅士
出 版 者	百花洲文艺出版社
地　　址	南昌市红谷滩新区世贸路 898 号博能中心一期 A 座 20 楼
电　　话	0791-86895108（发行热线）0791-86894717（编辑热线）
邮　　编	330038
经　　销	全国新华书店
印　　刷	廊坊市海涛印刷有限公司
开　　本	787 毫米 ×1092 毫米　1/16
印　　张	14.75
版　　次	2021 年 6 月第 1 版第 1 次印刷
字　　数	36 千字
书　　号	978-7-5500-4221-6
定　　价	128.00 元

赣版权登字　 05-2021-146

网址：http://www.bhzwy.com
图书若有印装错误，影响阅读，可向承印厂联系调换

远古玉器考证

内 / 容 / 简 / 介

石器时代的玉器映射出富足和身份等级。

图册里是新石器时代出自陕北和东北的八十多件玉器，其中玉人和玉人面三十多件，精美照片二百六十多张。

文章详细介绍了根据远古玉器上直观的时代特征，科学判断玉器制成年代的方法。

依据考古学古气候学等学科的结论，论证了距今四千四百年左右的气候事件，全新世事件3，是制玉工具的材质–金属与石器的分水岭。

在严谨辨识出远古玉器制成年代的基础上，作者据物说理，考证北方远古玉器的文化内涵。

图册第一部分，距今五千年左右，陕北方国里的玉人们，以自身携带的文化符号展示出富足，礼制，阶级，实证这个方国已步入文明，与东南良渚共同辉映出那个时代文明之花遍地绽放的历史。

图册第二部分和第三部分，红山文化玉器以造型的同一性，显示出距今九千年以来的四千多年间，那一大片区域内存在着有效的文化交流和融合。

对《玉见文明：远古玉器考证》一书的意见

作者是一位退休的机电工程师，以自己多年来悉心收藏的玉器，予以检测，动手拍成照片，整理文字，以成书籍，藉此与世人分享。我予观之，深受感动，今特以文记述，以为盛事，也以此为贺。

书中所记八十余件玉器，或可分为玉人、玉具（包括面具）和玉兽（包括飞禽、两栖类等）。这些玉器，相当数量是作坠饰，部分来自陕西榆林神木地区，多数来自于内蒙古地区的红山文化。在今天假托红山文化、良渚文化之名而泛滥的玉器盛行之际，这些古玉尤为难得，虽然数量不算很多，但却如一股春风，一扫玉器界之阴霾，使玉器收藏界之名立于世上而不倒，作者功不可没。

据考古发现，神木地区的玉器主要来自石峁遗址和新华遗址，石峁遗址位于神木县高家堡镇石峁村，是中国已发现的史前时期最大规模的城址，属于新石器时代晚期至夏代早期文化遗存，距今为4000年前后。2006年公布为全国重点文物保护单位。出土玉器主要是铲、钺、戈、圭、璋、刀、璜、璇玑，也有锛、凿和簪、镯、虎头、鹰、蚕等佩饰。虽然出土器物中不见玉人，但却在石峁遗址范围采集到玉人，这个信号是令人振奋的，也是积极的，备受专家学者们的关注。新华遗址在神木县大保当堡镇新华村，距石峁遗址约二十公里。在祭祀坑内出土玉器有铲、钺、璋、刀、斧、环等。成分测定表明，新华遗址的玉器包括有叶蛇纹石、阳起石、透闪石、绿泥石、丝锌铝石、大理石等。蛇纹岩的著名产地有辽宁岫县、甘肃酒泉、广东信宜和新疆昆仑。比较而言，新华遗址的蛇纹岩玉器更接近辽宁的岫岩玉，但不能断言产地与辽宁岫玉有关。学者们多倾向于石峁遗址的玉器产地在陕北或周围一带，新华遗址的玉器也同样在陕北地区。而蓝田玉就是蛇纹岩石化的透辉石类。这批玉器，与本书所述的来自神木地区的玉器石料相类同，恐怕是作者的收获。但作者认为玉器属新疆和田玉，这是见仁见智之识。

红山文化是分布于内蒙古与辽西地区的新石器时代考古学文化，年代为距今五六千年，发源于内蒙古中南部至东北西部一带。最早发现于1921年，1954年命名。20世纪70年代起，在内蒙古赤峰市及辽宁朝阳地区展开了大规模的考古调查，发现了近千处遗址。对辽宁凌源、喀左东山嘴、建平牛河梁遗址群开展了大规模的发掘，使红山文化研究进入一个新的阶段。1988年，牛河梁遗址公布为全国重点文物保护单位。红山文化玉器的雕刻工艺水平较高，磨制加工而成，玉器有猪龙、龟、鸟、兽形、棒形、勾云形佩饰等。红山文化的玉器已出土很多，内蒙古赤峰红山遗址出土的大型碧玉C型龙，周身卷曲，吻部高昂，毛发飘举，极富动感。尤其是玉雕人头面具，将人的面部抽象、概括、夸张，使形象奇诡怪异，产生令人敬畏的艺术效果。作者的部分藏品属于红山文化的珍品，虽然名称不尽相同，但能起到一些研究作用，可说是功德无量了。作者认为本书所列藏品多属于和田玉，个别为岫玉，而学者们多数认为红山文化的玉器主要是岫岩玉，这是不同之处，仅供参考。

最后说一下方国，苏秉琦先生对"古国"和"方国"的定义是："古国指高于部落以上的、稳定的、独立的政治实体，即早期城邦式的原始国家，红山文化在距今五千年以前，率先跨入邦国阶段"。邦国时代以后是方国时代，古代中国发展到方国阶段大约在距今四千年前。这是目前对"方国"一词的解释，列于此，供大家讨论。

广东省文物考古研究所原副所长、研究员

邱立诚

2020年4月25日

导　言

图册里展示的玉器是距今4400年左右气候事件之前的成百上千年间，陕北和东北区域里的古人用石质工具磨制出来的。

石器时代制作石质工具需要比较各种石料。选石注重石性。质地致密细腻，透着油润的光泽，敲击声清脆，经摔耐磨，抗压不裂，韧性出类拔萃的优异石材被挑选出来磨制成慰藉精神的饰品和吉祥物件，后人谓之玉器。这种温润踏实感直击心底的美石经现代仪器检测，大多数是含透闪石的和田玉石。

在我们这片东边是大海，西面是高原的大地上，尚未发现距今4400年以前有金属制品。没有金属制品的年代里玉器是顶级珍宝。

本文将距今4400年以前用石质工具磨制的玉器称为远古玉器。远古玉器来自没有文字的时代。

远古以来，人们将所思所想所闻所见，刻画在石岩上，磨制成玉器，创造出文字烙刻在甲骨上写在竹简上……现实与想象被生动丰富地记录下来。

还原弥散在时空苍穹里曾经发生和存在过的历史时光，要根据那时的器物和同时期文献里非推想性的据实记录。科学和常识告诉我们，不能依凭青铜时代里问世的典籍来还原相距千年之遥的没有文字的石器时代。

一百年来脚踏实地的考古工作，发现了不少新石器时代的遗址和遗物，揭示出那段历史的点点滴滴。考古发现了杭州附近的良渚古城，良渚五千年前的文明在2019年被国际社会认可。

安居和富裕方能制玉。五千年前的新石器时代晚期，富足的聚落和方国里的首领们以拥有优质和大量的玉器为荣，彼时方国林立，遍地制玉，文明之花盛开。凝结着习俗和文化，映射出富足和身份等级的玉器，为研究和还原历史提供了宝贵的实物依据。图册里的玉器是作者的收藏。

图册第一部分的玉器来自距今五千年左右鄂尔多斯以南，黄土高原西北，榆林神木地区的同一个方国里。

图册第二部分和第三部分的玉器出自距今五千年以前红山文化区域里的不同地点，另有一件同时代站立的玉人。

近年国家规定，不论产地，一律按其矿物成分来界定名称，主要由透闪石构成的石材被命名为和田玉。

图册里标出的玉器材质出自专业机构检测结论，其中和田玉占85.2%，石英岩玉，岫玉和蛇纹石占9.88%，有4件玉器用普通仪器看不清楚玉材结构。

一、图册里的玉器是用石质工具制作的，成器在商周之前

距今五千年前后，在我们这片大地上，各个富庶的聚落和方国用石质工具依照当地习俗磨制玉器。

研究和还原那个没有文字的时代，蕴含着丰富信息的玉器是不可或缺的珍贵实物资料。

散落在民间的远古玉器与博物馆里的新石器时代玉器同样都携带着宝贵的历史信息。要确定不知道出土地点的远古玉器的身世，需要依靠多学科的综合研究。只有运用科学的方法考证出玉器的制作年代，通过玉器看到的信息才有确切的文化和历史价值。

科学体现出客观存在着的规律。科学发现立足于质疑，研究，立论，验证。

判断玉器的制成年代，俗称对玉器进行"断代"。玉器"断代"要依

靠科学的方法，作出的"断代"结论要能经得起验证。

要确定玉器的制成年代，需要找出玉器上与制成年代有关联的特征。

观察玉器上的形制，皮壳，制玉加工时留下的痕迹，分析玉器上直观的时代特征何在。

先看形制。玉器的形制指玉器的造型和纹饰。

不同的时代使用不同的制玉工具。

现代考古在中原出土了大量商周时期的青铜器，新石器时代的遗址和墓葬里有玉器没有发现青铜器。

我们由考古成果知道了，新石器时代还没有金属，那时用石质工具制作玉器。

五千年前用石质工具加工的玉器，造型简洁拙朴。

商周及之后年代里用金属工具制作玉器，玉器的造型和纹饰步入繁复。

石质工具与金属工具制作的玉器，形制不同。玉器的形制带有时代特点。

若采用比对已知玉器形制的方式来判断未知玉器的制作年代，需要有一个覆盖了各种远古玉器形制的数据库。能够建立这样一个数据库吗。

远古时代，玉器造型融入了不同族群的喜好和祈福夙愿。隔着山隔着水的地理距离造成文化差异，各地的人群有着自己的习俗和文化，如同各地人群说着各自的方言。起于各地制玉人头脑里千种百样的各，诞生出了千种百样的玉器造型。

各地磨制的玉器风格各具，东南良渚在玉琮上阴刻细线，陕北神木以简练的轮廓塑造出不同身份的玉人，山林间的红山文化玉器常见蜷卷形状的动物。

三千多年前商代晚期的殷墟王陵几乎被盗空，隐于享堂之下的妇好墓得以幸存。从一个妇好墓出土了大量的青铜器和七百多件玉器。

没有青铜器的新石器时代独尊玉器。五千年前的良渚反山九座墓地，出土玉器超过三千件。距今九千年黑龙江饶河小南山就已经出现玉器，到五千年前遍布河北，辽宁，内蒙古自治区东南部的红山文化区域崇玉和制玉，迄今考古出土的红山文化玉器才六百多件。

数千年的朝代更替，沧海桑田，被没入黄土的远古玉器不可能全部出土面世。

中国考古一百年，今天在博物馆能够看到的新石器时代的玉器多是最近几十年考古出土的，数量很有限。

不可能搜集齐全各种远古玉器形制的数据，依凭已知的有限的玉器形制来比对和判断未知玉器的制成年代，样本不足，缺乏依据。

玉器若因其外观造型与博物馆里玉器的外观造型不合而被判伪，就好像只承认在图册里见到过的山是山，面对没有出现在图册里的山不认为是山。

玉器外皮壳上的沁蚀是否具有可供断代的时代特质。

玉器的材质不同，处于地下的环境不同，玉器生成的沁蚀是不确定的。同为石器时代的玉器，有的皮壳生褶，有的局部被沁蚀，有的外观看上去没有改变。从玉器外皮壳的沁蚀和老旧可以看出玉器的老，但不知有多老，无从确定年代。若用科学手段对玉器外皮上的沁蚀物进行检测，对照其生成和积累所需的年限曲线，可获知玉器制成年代的下限。玉器上沁蚀物质的定性分析和检测工作有待时日。

用观测玉器材质微观结构的方法，可以在已建立的玉石产地大数据库里比对出玉石的生成地，生成地是玉料的源，不直接指向玉器的制成时间。

目前还没有理论支持制造出测定玉石外形在何年被人工以物理方式改变的仪器。

与远古玉器同时出土的骨木器，理论上可以用碳14检测方法测定出年代，这种检测机会很难获得。

再来看玉器上的加工痕迹。

不同材质的工具制玉时会在玉器上留下完全不同加工痕迹。

制玉工具留在玉器上的痕迹与玉器同时诞生，是玉器上与生俱来的印记。

用石质工具制作的远古玉器，来自不同的制玉地，出自不同的匠人之手，具有不同的纹饰风格。东南的良渚在玉琮上刻出细密的线条组成图案，东北的红山文化玉兽，头部刻划生动，身躯蜷卷简化处理，陕北玉器的表面仅靠磨出几道沟槽来塑型。远古玉器加工槽沟的工具和磨制方法，各地也不一样。陕北使用粗砺的燧石外壁在玉器上旋磨出槽沟，槽沟里留下垂直于槽沟边缘的一道道旋磨划痕。东北制玉使用较硬的石器刮擦玉器，槽沟里留有平行于槽沟边缘的长长的刮擦痕。

石质工具制作的玉器，槽沟里不会出现金属刀刃的刻痕。

商周时代制玉时加工纹饰和槽沟，有时金石并用，玉器的纹饰线条和槽沟里常见石英砂碾磨和金属刀刃刻划的痕迹，偶见燧石琢划的印迹。在殷墟妇好墓里玉器上的纹饰线条里就留下金属刀刃的刻痕。

现代用电动工具加工玉器，高速磨头开出来的沟槽，底部没有石器工具留下来的一道道划痕。现代玉器的沟槽边缘处偶见高速撞击产生的崩边现象。

金属工具与石质工具在玉器纹饰和槽沟里留下的加工痕迹明显不相同。

金属与石料，不同材质的工具加工玉器，生成特征鲜明的孔。

商周之前没有金属的时代使用石质工具制玉，辨识出石质工具留在玉器上的加工痕迹，特别是石质钻具磨就的孔，成为远古玉器断代的关键。

下面详细分析玉器上孔的特点。

新石器时代没有椅子，更没有搁置物品的桌子，为了能穿绳悬挂，玉器上都钻有孔。

含透闪石的和田玉，硬度高于玻璃。没有金属的年代里，在和田玉这类高硬度的石料上钻孔，需要使用更高硬度的石料做钻头。金刚石、刚玉一类的高硬度石料能够在透闪石类的石材上钻出孔来。天然的高硬度石料多是小颗粒的。几毫米大小的石质钻头后面支撑杆的体积远大于高硬度的小钻头。钻杆往复旋转时，钻杆前端的石质小钻头以其尖顶在玉器上旋磨。粗大的钻杆不能随着石质小钻头进入钻出来的小孔内，小钻头有多长就只能在玉器上钻进多深。天然的硬质小钻头形状不规则，具有不同的旋转半径。石质小钻头往复旋转着向前推进一个钻头的深度，在玉器上刮磨出来的空间近似圆锥的形状，像个小漏斗，称为漏斗形孔。

商周时代制玉靠机械带动，现代制玉用电力驱动，两种动力源不同，金属钻具的模式一样，都是钻杆与钻头一体，钻杆的直径等于或小于钻头，钻头的最大旋转半径决定了孔径。金属钻头一个方向旋转着向前推进时，运动的轨迹是圆柱形。金属钻头在玉器上钻出来的直通孔是圆柱形状的。

远古玉器上的孔都是漏斗形状不是偶然。短小的高硬度石质钻头，在玉器上只能往复旋磨推进一个钻头的深度，运动的轨迹近似圆锥形，成孔必然是漏斗形状的。

远古玉器上的贯通孔有两种。

一种较少见，在薄玉器上直接钻出漏斗形小孔。

另一种常见，钻头从玉器的两面先后正对着钻，在孔道里，两个漏斗形状的空间相衔接形成贯通孔。

玉器厚度要小于石质钻头长度的一半，才能在其上直接钻出小孔。图册里的红山文化玉嘴器和玉蛙上有这种小孔。

玉器的厚度在钻头长度的一半到两倍之间时，在玉器上钻出一个通孔，需要石质短钻头从玉器的两面相向钻入，先后旋磨出两个小漏斗形状的空间在孔道里正面对接，形成一个通孔。

两个小漏斗对接形成的通孔内，相接处的孔径较小，孔道里有一圈坡坎。

两个小漏斗成就通孔时，圆锥的尾部将两面孔口磨出斜坡，斜坡上留下旋磨的划痕。

在纸上画出两个尖角相对着的三角形，想象一下这两个三角形可以相向移动，相互重叠，就能够知道石质钻头从玉器两边先后正对着钻孔时，两个小漏斗相衔接产生的孔道会是什么样的。同时得知，孔道里坡坎高度与钻头的形状和孔的深度有关。

图册第一部分里第一张图，玉面具上有一个通孔，孔深4毫米，两边的漏斗形对接形成的孔道里能看到坡坎，锥形孔口的斜坡上有往复旋磨产生的圈纹。

红山文化常见的蜷卷动物玉器当中较大的孔，是用旋转半径较大的石质短钻具从玉器两边相对着磨制出来的，孔道内也有一圈坡坎。

图册第一部分里21图，厚3.4毫米的玉人有一个直径5毫米的通孔，通孔的两面各有一圈斜坡，斜坡上有旋磨的划痕。

南阳地区近年出土的新石器时期的玉器孔口处有一圈斜坡。五千多年以前河南渑池村仰韶遗址出土的玉器上，孔口边缘也有一圈斜坡。黑龙江饶河小南山出土了距今8500年之前几百年间制作的玉器，玉玦的两面孔沿都有斜坡。

玉器厚度超过了石质钻头长度的两倍，石质钻头从两边正对着钻进去不能相衔接，钻不出贯通孔，需要在玉器上斜着钻出两个独立的孔，两个漏斗形孔的前端在玉器深处相连通形成穿绳的通道。

两个漏斗形状的独立孔组成的一对穿绳孔，出现在距今八千年前的兴隆洼玉器上，出现在距今五千多年前的凌家滩和红山文化玉器上，也出现在距今4400年之前的北方玉器上。较厚的远古玉器上常见这种两个小漏斗组成的成对穿绳孔。

在有一对穿绳孔的远古玉器上，观察单个漏斗形孔可以看清楚石质钻头的体态。

石质钻头若身材瘦削，旋转半径小，钻出来的孔道纤细。石质钻头若体形粗，旋转半径较大，孔口就大。

位于长江下游的安徽含山凌家滩，出土了距今5300年前的玉人和玉器，上面有细小的"直通孔"。仔细看这些玉器上的孔，孔口边缘有磨损的痕迹，这是用一枚尖细的石质钻头旋磨形成的。凌家滩古人有幸获得一粒纤细的高硬度石子作钻头，钻头旋转半径的差异很小。凌家滩玉人背后同样是使用这粒瘦窄的钻头，钻出来两个前端相接通的穿绳孔，单个孔的形状就是钻头旋磨时的身影。

石质工具制玉时代，有的地方使用圈钻工艺磨制玉筒玉管里的长通孔和大口径孔。圈钻工具以旋转物外廓底部突出的高硬度石料，在玉器上做圆周运动旋磨成孔。圈钻在孔壁上留下一道道细密的圈线形的划痕。

商周及之后时代制玉使用金属工具钻孔，长且直的金属钻头从薄玉器的一面旋入直接钻出通孔，不会在玉器上仅4毫米深的孔道当中留下坡坎。金属钻头也做不到在厚3.4毫米的玉器上，将通孔两面孔口各磨出一圈斜坡，同时在斜坡上留下旋磨的圈纹。

现代用金属钻具在较厚的玉器上仿石质钻头钻出来的通孔，孔道内壁陡直，孔道里没有坡坎，两边孔口虽有斜坡，斜坡上没有深浅不一的圈纹。这与石质短钻头钻出两个漏斗形状对接形成的通孔，孔的形状与加工痕迹皆不相同。

远古玉器上都有孔。

只有一个穿绳孔的远古玉器，是石质小钻头从玉器两边分次正对着钻出两个漏斗形孔相接通，形成的一个孔。通孔的两面孔口有斜坡，孔壁与斜坡上有旋磨纹，孔道够深就能看到孔道里有一圈坡坎。

有两个穿绳孔的远古玉器，是石质小钻头分别钻出两个相邻的漏斗形孔，孔的前端在玉器里相连通形成穿绳通道。

钻头的材质决定了钻头的身材和钻出来的孔的形状。

观察玉器上的孔能区分出钻孔工具的材质。

金属钻具的大身材，阻断了模仿几毫米的石质短钻头的可能。

石质工具往复旋磨产生圆锥形孔（又称漏斗形孔），金属工具直接钻出圆柱形孔（又称直筒孔）。

近现代考古从商周西汉王候贵族墓葬里出土了大量的青铜器，同时出土了许多精美的玉器。我们来看看这些出土玉器上的孔。

细看陕西石峁遗址出的大玉片，石家河文化玉人面，陶寺遗址玉器，商代偃师二里头出土的玉璋玉钺玉戈，商代殷墟妇好墓里的大量玉器，安阳博物馆商代玉器，湖北盘龙城商代玉璋，山东滕州前掌大墓葬出土的玉佩，商周的噩国，申国，养国，宝鸡周原，曲沃晋国，翼城霸国，三门峡虢国，韩城梁带村芮国，随州曾国，运城倗国，南阳楚国，宝鸡强国，秦景公大墓，丰镐遗址，荆州熊家冢，范家坡，院墙湾墓葬里的玉器，南阳考古所的西周玉璜，春秋玉虎，西汉时南昌海昏侯刘贺墓，广州南越王墓里出土的玉器，北朝西安小寨北周墓玉器，这些玉器上的孔，除了三门峡虢国和梁带村芮国收藏的几件新石器时期的玉器上是石质钻头旋磨出来的有锥度的漏斗形孔以外，其它的玉器上面的孔都是从一个方向钻出来的直通孔。前端圆浑的金属钻头若钻透玉器后不再向前深入推进，孔将呈现碗形。宝鸡出土的西周战国薄片状玉器上，可以看到几个从单边钻出来的碗形小孔。

考古出土的大量商周及汉代玉器上的孔，是用金属钻具钻出来的直接贯通的圆柱形状。

用石质短钻头往复旋磨产生的漏斗形状的孔，出现在商周之前的玉器上。

石质工具与金属工具留在玉器孔壁上的痕迹也有明显的区别。

石质钻头往复旋磨刮擦玉石的圆周运动，在整个漏斗形状的孔壁上留下的划痕是有间断有交错，深浅不一的，细线般的圈纹。

金属钻具若同时使用解玉砂扩孔，解玉砂越细孔壁越光滑。高速旋转的开了刃的金属钻头在玉器圆柱形孔壁上留下的是间隔比较一致的螺旋纹。

从公元十世纪宋代的清明上河图里到二十世纪的乡镇间，都可以见到使用石质钻孔工具锯碗补缸的匠人。由匠人使用的工具有了一句俗语，没有金刚钻不能揽瓷器活。锯瓷时使用的手动钻孔工具近似石质工具制玉时代的钻孔模式。

从新石器时代到商周秦汉，玉器一直是受社会顶层宠爱的珍宝。有了金属的年代，在社会组织水准较高的地区，制玉工具能及时得到更新，石质钻头被金属钻头取代后，玉器上留下金属工具钻出来的圆柱形孔，再难看到用石质工具钻出来的漏斗形孔。

制玉工具的与时俱进使玉器上的孔有了泾渭分明的时代特点。

不同材质的钻头在玉器上钻出来的孔，特征确凿，时代分明。

商周时代已有金属，石质工具留在玉器上的加工痕迹界定了图册里的玉器出生在商周之前。

二、图册里的玉器诞生在距今4400年以前

距今三千多年前，中原地区出现了青铜器。

图册里石质工具磨制的玉器出生在早于商代的距今4400年之前。

距今4400年之前还没有金属，人们使用木竹骨石等材料制作成工具，近水而居，筑屋建房，农耕养畜，纺纱制衣，烧制陶器，磨制玉器。

玉器不是生活用品，制玉是为满足精神需求，玉器生于安逸，安居富庶得以制玉。将珍贵罕见的玉料制作成玉器，玉石品质的优劣和玉器数量的多寡与制玉的聚落和方国的发展水平密切相关。

距今八千多年前，赤峰兴隆洼人将直径6厘米的大玉环上磨出一个开口套在耳朵上，这种玉器后世文人谓之玦。佩戴玉玦耳环的古兴隆洼人建有一百多间成排的住房，居住区外筑有环壕。

五千多年前西辽河流域墓葬里，尊者头顶玉箍器，铺着有大孔的圆形玉环片。红山人建有祭祀坛。

五千多年前安徽含山的男性古凌家滩人戴平顶帽系腰带，立着的玉人两个手臂上各套着多达七枚的细条玉手圈，墓葬里铺满上平下圆，当中有

孔，形状如钺的大玉牌，手臂位置上各有九个玉圈。墓葬里铺满玉器。凌家滩城当年面积达160万平方米，城里有养殖业、畜牧业，手工业。

五千多年前良渚人痴迷玉器，善制大玉琮，杭州天目山下的古良渚建有高堤环围的城和大规模的水利工程。

新石器时代中晚期社会的富足通过玉器被今人看到。在生活安逸富裕，遍地制玉的时代里，善治玉器的有赤峰（内蒙古东南）、凌家滩（安徽东部）、良渚（浙江北部）、神木（陕西北部）……

近年对五千年前的安徽尉迟寺遗址进行过十三次考古发掘和科学研究，在尉迟寺遗址发现了78间红烧土房，墙厚达50厘米，在聚落的周围还筑有围壕。

距今五千年左右古尉迟寺的气候温暖潮湿，周围有大片的麻栎和柘树组成的茂密森林，成群的麋鹿，獐和老虎出没其间。古尉迟寺人在建好的房屋墙壁旁边支起粗大的树干，点火燃烧，将涂抹在墙上的泥烧成坚硬的红色土块。

距今4400年左右是气候的拐点，在这之前有持续近百年的干冷，河渠见底，树木凋零，野兽消失，古尉迟寺人放弃生活了数百年的家园，去寻找能生存下来的地方。古尉迟寺人在离开家园时亲手捣毁成排的红烧土住房，整平断垣。

繁荣与美好被干旱和寒冷改变。

科学家运用地球化学的方法，对尉迟寺遗址土层里的元素同位素含量作出量化分析曲线，发现在距今4400年，人类生存活动的第一因子含量急剧下降，甚至消失。代表环境风化和干旱的第二因子曲线骤然升高，形成惊人的交叉线，通过科学研究看到了生态对气候的响应。[1]

气候科学家将公元前2300年到公元前1800年的全球气候事件称为古文明衰落小冰期H。[2][3]气象科学家亦称距今4400年–距今3900年前的气候事件为全新世事件3。[4]

距离安徽尉迟寺一千公里外有个贵州荔波董哥洞。在洞中发现的"气候石笋"形成于距今12万年—13万年之间，专家认为，这些石笋是古气候环境演变的理想载体，能全面记录古气候环境演变规律，为大陆气候指标提供充分而确切的数据。董哥洞石笋古气候记录与尉迟寺的古气候结论准确地吻合。

经专家研究，距今4400年以前发生的气候事件，造成植被"崩溃式"突变[5]，生态环境极度恶化，影响遍及世界。同一个天穹之下的方国，族群，文化随着人群的迁徙，溃散，飘零，湮没在历史长河中。

全新世3的气候事件直接影响了社会形态，文化坍塌沉坠现出沟壑。以玉器为财富表征，富则制玉的丰裕时代，隔着沟壑的身影隐隐绰绰。文化沟壑的远端是安居时代里用石质工具磨制出来的造型拙朴的玉器，文化沟壑的近端是自西边迁徙而来的人群带来小麦和金属冶炼技术，中原出现青铜器和用金属工具琢制出来的纹饰繁缛的玉器。

气候转暖万物复苏，如水一样流动的人群安顿下来，黄河中游的壖塬上筑起了石峁大城。

距今4400年左右的气候事件成为分水岭，将制玉工具的材质截然区分开来。

不同材质的钻孔工具在玉器上留下的孔形具有根本性区别。

高硬度的石质短钻头在玉器上推进受阻于后端粗大的支撑杆，只能旋进一个钻头的深度，磨就的孔是近似圆锥的漏斗形状。

钻杆一体的金属钻头能够在玉器上深入推进，钻出来的孔是圆柱形的直通孔。

位于黄河上游的青海省民和县喇家，在距今4200年时已经有了青铜器，近年那里出土了大玉刀，大玉刀上面的孔就是圆柱形状的直通孔。

榆林新华遗址1999年发现了一座玉器坑，出土了32件精美玉器，玉器上是直通孔。

榆林神木石峁遗址发现的玉刀玉铲和玉牙璋上面的孔也是直通的圆柱形。

气候事件之后的石家河文化玉器小巧精美，玉璜和人面耳垂上的孔都是壁直的圆柱形状。

长江中游宜昌杨家湾1986年出土了五千年以前的大溪文化玉璜，上面的孔是漏斗形状的。

气候事件前的屈家岭文化，养家畜兴纺织，2018年湖北保康穆林头遗址出土的玉璇玑上粗糙的小孔是石质钻头加工出来的。

玉器上孔的形状，漏斗形与圆柱形，区分出了制玉工具，划分出了石器时代与金属工具制玉时代。

判断玉器的制成年代，玉器上的孔具备充分条件。

距今4400年以前没有金属工具，制玉时使用石质工具钻孔。在玉器上钻孔使用金属工具是在气候事件之后。

图册里石质工具磨制的玉器，诞生在距今4400年左右的气候事件以前，在那个还没有使用金属工具制玉的年代里。

三、图册第一部分，陕北玉人展现出文明的存在

文明是建立在物质丰裕的经济基础之上的先进社会组织形态和立于同时代道德之巅的行为模式，是人类理智思维的产物。

社会的富足催生文明。富足的的表象曾被西方人设定为，金属，文字，城池。

发现甲骨文字的商代晚期距今三千多年。气候事件发生以前，距今4400年以前没有文字没有金属的时代里，社会富足吗，能支撑起文明吗。

不同的地理环境里，人们有着不同的生活习惯和由此延续下来的文化，文明在不同的文化基石上矗立。

五千年前，位于太湖流域的古良渚，有着国家行为的大面积古城遗址，有着宏大的水利工程，有着辉耀于世的精美玉器。古良渚客观存在的远古文明把西方"条件"的樊笼撞出了裂隙，古良渚的文明在2019年被世

界认可。

草木在一切合适的地方繁荣，人类在适宜的环境里生存。

五千年前气候温暖，草木茂盛，衣食优裕，方国林立，磨制玉器成风，一片丰饶里，文明之花哪会一支独秀。

富足是文明的基础，不同地区的富足有不同的表象。

石砌的城可以屹立数千年，土木结构的城池遗址只能依靠考古发掘的偶然发现。山西境内4300年前的陶寺曾建有黄土夯实的宽达十米的高大城墙，有单间面积200平方米的巍峨宫殿，宏伟的建筑群最终都被时光抹平后还给了大地，富裕的表象被掩埋。

文字是人类智慧的产物。文字与富裕没有直接联系。楔形文字在西亚的出现源于商品交易时记账的需要，贸易促进了文字的诞生。当年安于自给自足的农耕古人也富足着。五千年前没有文字的古良渚人，以国家之力修筑防洪长堤，建城，种稻，制玉。考古发现河南渑池丁村距今五千年前的仰韶文化遗址有平纹布印痕。看图册第一部分里玉人们穿的长袍宽袖，就知道距今4400年以前陕北方国里纺织品生产量之大。新石器时代的玉器和玉人，是没有文字的时代里一种重要的文化表达形式，展示身份等级的同时表现了富足。

用和田玉等玉石加工制作的远古玉器，不同于描绘岩画和创造文字，远古玉器不是个体意愿的产物，远古玉器是社会化产品。精神需求和满足精神需求的产品建立在物质基础之上。追求精神慰藉品，磨制玉器，需要富足提供支撑。从玉料的获得到创造制玉工具再到玉器的磨就，要有从困顿于寻找生存资料的境遇中剥离出来的，有指挥权的人及被指挥的一众制玉匠人。远古玉器体现了生存环境的安逸，社会阶层与管理机制的存在。集中于一地的大量精美的远古玉器映射出富裕指向文明。

在距今4400年之前没有金属的年代里和之后青铜时代的初期，农业由木质竹质骨质与石质工具支撑着蓬勃发展。六千年前河姆渡人用骨耜工具种稻，运用榫卯结构的木料筑屋。五千年前的良渚古人用草裹泥堆砌起防洪水的长堤，兴建了大规模的水利工程。同时代黄土高原北部的富裕方国里，侍从的着装都是恣意的长袍宽袖。木质竹质骨质与石质工具生产出了粮食，创造出了财富。随着社会财富的积累，社会有了分工出现了等级，与之相适应的社会组织结构不断完善，农耕种植狩猎采集创造出来的富裕，培育和支撑起了文明。

从考古出土的新石器时代玉器的普遍性，可以得知各地农业收成之丰。从各地玉器造型的特异性，可以知道当年既没有玉器的交易也没有发生大规模的战争和掠夺，玉器得以各守其异。

远古玉器给我们带来宝贵的远古信息。

细腻润泽的玉石料从来都稀缺和珍贵。新石器时代，优质玉料的获得和精美玉器的制作及玉器的数量成为社会富裕程度的外在表征。

透闪石材是石之精华，图册第一部分里制作玉人的玉石料，就是山脉崩裂至使含透闪石材滚落到河道里，相互撞击千百年后被磨圆了的和田玉籽料。位于黄河中游的方国为了满足精神需求，从千里之外和田玉籽料产地获得珍贵的玉石原料，若不是当年有专门的运输通道就是有赎买的渠道。位于黄土高原上的这个方国，富裕程度可见一斑。

新石器时代，富庶之地才有可能制玉。富则制玉，强国多玉。玉器是地位和财富的表征，玉器的数量和精美程度，取决于制玉所在地的经济和社会组织状况。远古玉器与社会优裕程度和社会组织化程度的相关性使玉器具有了社会属性。

生活在不同地理环境里的人对美的感受不一样，有着不同的习俗，产生了不同的文化，制作出的玉器形制各不相同，远古玉器具有鲜明的文化属性。

远古玉器具有的文化属性和社会属性，使远古玉器成为研究和判定那个没有文字的时代里，方国和聚落的经济状况及社会发展水平的重要线索和实物依据。

五千年前诞生于黄河中游的玉人，展现出方国里有阶层有管理有礼制。

为了区分人的不同身份等级，黄土塬上善制玉器的方国里对人的发型服饰，行为姿态都有明确的规定，这个位于黄土高原西北缘的国家，实施和推行礼制，人与人见面要行礼，抬手合掌恭敬待人的礼仪姿态通过玉人的肢体塑造展现在这本图册的第一部分。这个有阶层有礼制有规章，行政制度完善的国家，文化被玉器固化，礼仪被玉人展示，社会阶级化的成熟通过玉人呈现。玉人让我们看到了从这片富饶的土壤里生长出来的文明。

玉人体型敦实表明食品充足，玉人长袍宽袖表明织物丰裕，玉人不同的跪立拜姿表明社会有礼仪有制度。

这是个文化已经形成体系的社会。王者束双圆髻，贵妇束双尖髻，孩童不束髻。

这是个等级制度严明的社会，人的尊卑地位通过日常姿态被规范。王者直跪，王后直跪，王子与贵族曲跪，达官侍从站立。

这是个男权社会，供悬挂的单孔玉器尊奉的是束双圆髻的男性国王，单孔偶像面具也是束双圆髻的男性。

这个国家生机勃勃图谋发展，鼓励和赞美孕育行为，用珍贵的深绿色玉料制作怀孕的王后，塑造的妇人多有孕肚。

这是个礼仪成熟，礼制健全的国度，人们循规蹈矩，以礼相待，与人见面时，十指朝上合掌于胸前，行拱作揖施礼。

这个社会有人文思想和文化传统，孕妇，老妪，幼童免施拜礼。

在这个等级分明，上下有别，制度严谨，文化厚重的社会里，贵者跪，卑者立，立者见到人也要施礼。

玉器塑造的男子，身直立，头微低，长袍，宽袖，双手合掌作拱，谦恭有礼，从容大度，展现了方国里的礼仪风范。

见人必施礼，行礼有规范，标志着建立在富足的物质基础上，依托厚重的文化基础，方国有着成熟的礼仪制度。

与东南方良渚文化同时代的黄河中游黄土高原上，一个织物丰裕，礼制健全，阶级分明，行规有章，管理有序，高度文明的方国，通过图册里玉人们的集体亮相跃然于眼前。

富庶的生活，能够创造出高品质精神文化产品，礼制的存在与阶层有序的社会管理及组织架构，共同托起了文明。

近年考古发现的陕西神木石峁遗址面积约400多万平方米，这个气候事件之后诞生的，墚塬上以石块筑建的庞大城池不是凭空孤立出现的。在那片土地上，距今4400年左右的气候事件发生之前，没有金属制玉工具的数百年间，来自同一个方国，携带着文化元素的十多个玉人，让我们看到了一个富足的有阶层有礼制的国家。

远古玉人见证了，早于4400年前，陕北土塬上的文明。

四、图册第二、第三部分，红山文化玉器的地域性特点

图册里的红山文化玉器分为第二部分赤峰宁城，第三部分敖汉旗辽宁河北等地域。

发现红山文化近百年。红山文化玉器出自五千多年以前生活在山峦密林旁的古人之手，具有鲜明的地域特点。同在红山文化区域内，有了青铜的夏家店下层文化，继续沿用红山文化的钻孔工艺，大甸子遗址玉器上的孔沿呈现斜坡。夏家店下层文化玉质斜口筒形器就是红山文化的玉誉器，数千年间，这一区域内，文化被继承，社会形态被承续。

在东北部这片林木茂密的区域里，崇尚玉器有近万年的历史。从距今九千年的黑龙江饶河小南山玉器，到八千年前的兴隆洼，五千年前的红山文化玉器，再到四千年前的夏家店下层玉器。这个区域里丰富的食物来源支撑了延续数千年的制玉，玉器文化得以一脉相承。

从红山文化玉器的材质和玉器的较大数量看来，当年玉石产地就在附近。辽宁产金刚石。红山文化制玉延续四千多年，既与比较容易取得玉料有关，也与能获得制作制玉工具的原材料有关。

红山文化玉器常见的蜷卷动物当中的大孔，就是用粗短的石质钻头钻出来的。以石质钻头之短，钻一个大直径的通孔同样需要从玉器的两边正对着钻，两边的钻头以锥度在孔道里相接，留下坡坎。在同时代其它地区的玉器上很难见到这种大直径的通孔。红山文化玉器里有许多带有大孔的蜷卷动物，可见这一区域里普遍拥有较大颗粒的高硬度石质钻头。

九千年前黑龙江饶河小南山磨制的玉玦，当中大孔的两面孔沿上都有斜坡，斜坡是较大粒石质短钻头的圆锥尾部磨出来的。

红山文化区域之广，玉器模式之一致，制玉持续时间之长，磨制玉器之普遍，均有别于同时期已知的其它崇玉制玉地区。

富则制玉，富裕是文明的基石。数量众多制作精美的红山文化玉器，为探秘五千年前这一片富饶土地上的历史和文化提供了线索。

文化是精神层面上有美学价值的衍生物。在不同的地理环境里生活的人群，有着不同的生活习俗和经过传承延续下来的文化。

考古学将产生于同一个时间段，呈现出相同特质和模式的遗迹遗存遗物，按其被发现的地域归为同一种文化类型。

远古玉器是区分和判断文化类型的重要实物。

五千多年前的红山文化区域里有半拉山，努鲁儿虎山。老虎等各种野兽出没于山峦密林间。今天那一带叫老虎沟的地名还有十多个，还有名为老虎山，老虎梁，老虎洞的。

红山文化里不乏老虎造型的玉器。大虫形状的虎玉牌是红山古人避兽祛灾的护身符。东北地区把斑斓猛虎唤作"大虫"，起于五千年前。

红山文化区域里的制玉人为了生动表现出山林间常见的大型动物，匠心独具，将大兽的身体卷蜷起来简洁地表达，这种以小见大的玉器塑型模式，通过文化交流，被这一片区域里的古人效仿，蜷卷身躯的动物成为红山文化玉器有特色的器型之一。玉蜷兽的头面部塑造得生动传神，如狮，如虎，如猴，如狐……为研究许多早已灭绝的动物提供了当年生动的头部形象。

红山文化的圆筒形玉箍器，以喇叭形撇口的斜面紧密贴合在权威者的头顶，穿绳后系于脖下，佩戴者要昂头挺胸才能使玉箍器口朝天。玉箍器插入翎羽一类徽饰后，高冠的顶端前倾，一步一招摇，张扬着凛凛威风。到夏家店下层文化时期，权威者仍然佩戴玉箍器。

红山文化区域里多见勾云形玉璧。片状玉器为璧，不拘形状的方圆。勾云形玉璧大块的为牌匾，小片的作佩物。

勾云形玉璧下部是根的形状，山林旁的古人眼中，大地上的花草树木皆由根生，根系发达才能枝繁叶茂，藤蔓缠绕，花团锦簇，凤鸟蛇龙栖附其上。隐喻着美满繁荣的勾云形玉璧，寄托了红山古人的祈福夙愿。

五千年前科尔沁草原腹地的哈民，佩戴着与红山文化相同的8型玉器，表明哈民认同这种玉器造型蕴含的文化寓意。

遍布红山文化区域的玉蜷兽，8形玉璧，虫形玉虎符，玉箍器，勾云形玉璧，C形龙，顶在头上的玉凤，蹲或坐的高冠玉人，玉玦等玉器以相同的器型，表现出这一片地域里对玉器吉祥寓意表达形式的认可，证明了文化交流和文化融合的存在。玉器塑造的全身权威者有着一致的姿态和装扮，表明这个区域在较长时间段里文化传统和社会形态相同。

红山文化玉器既有器型的同一性，也有区域里地理环境因素带来的玉器风格的特异性。在图册里可以看到，同在努鲁儿虎山北麓的宁城与敖汉旗，两地直线距离一百多公里，五千多年前制作的玉器，从玉石材料的颜色到造型风格，各有特点。

五千年前，赤峰宁城地区用红色和田玉料塑造的男子，嘴的两边各有一个孔洞。女子头顶两个发髻，嘴旁没有饰孔。

文化是由地理环境形成的习俗衍生出来的精神层面上的表现形式。

远古玉器是文化的载体。

方言是一种地域性的文化表达形式。

没有文字的时代里，文化沟通必然要通过能够交流的语言。

从河北到内蒙东南到东北三省这一大片地域里人群的口音趋同。

红山文化玉器形制相同，东北地域里人的口音相近，两者相互佐证，揭示出在数千年的长时间段里，这个地域内发生过的文化交流，成就了的文化融合，标示出红山文化的地理范围。

五、玉器研究之唯物求真

和田玉石结构致密，油润细腻，光泽内敛，经得起大力打磨，抗压性能媲美钢铁，这种韧性优异度无出其右的石料，契合了踏实敦厚的民族性美感取向。

公元前202年建立的汉朝，皇后使用称为玺的玉质印章，王侯使用黄金材质的印章，玉器的地位高于黄金，体现了崇玉民族由文化产生的价值观。

对和田玉石制作的玉器持续上万年的珍爱与青睐，体现了文化价值取向的延续。

十里不同风，百里不同俗。不同的地理环境造就不同的风俗，形成了不同的文化。

远古玉器纷呈出各制作地不同的社会形态和独具的文化。

五千年前，陕北和东北区域里的玉人，表达身份的不同姿态，揭示出两地都存在着身份等级，社会发展程度各异。

地位即身份。在那个行卧于地面的时代里，北方地区以贴近大地为至尊地位。至尊者不立，是石器时代里陕北和东北古人一致的身份表达姿势。地位表现体态的趋同，源于同时代里两地的气候条件相近。

陕北和东北区域里以贴近地面的至尊地位宣示权威的远古玉人，展现身份的姿势不同，表明当年两地文化不存在交流。

距今4400年前，陕北的高贵者以跪姿示人，跪姿有等级之分，顶层直跪，下一层曲跪。玉人按身份匹配玉料，玉料的颜色以深为贵。塑造出的全身玉人，阶层分明，有跪姿有立姿。

距今4400年前，东北区域里，权威者示人的姿态是坐在地上，个别是蹲姿。玉料颜色与身份没有联系。全身玉人为头顶高冠以坐姿示人的权威者，非至尊者只塑造头面部。头顶玉訾器和头顶玉凤者的性别有待考古机构对出土遗骸甄别后的结论。

陕北黄土墚塬上的古人，崇尚望远的大眼和喊山的大嘴，以长下巴为美。男王束双圆髻，王后束双尖髻。至尊者直跪。至尊者的后背被塑造成内收的弧型，以表现青春的挺拔。

东北的古人生活在密林深处，安危所系在意灵敏的听觉，塑造的玉人都有一对大耳朵。以蹲坐姿态示人的权威者，在耳朵上套着大的三角形饰品，长着火焰一样的眼睛，吻部突出，下巴长，头戴顶端前倾的高冠。

陕北的远古玉人，身份等级不高的立者，长袍宽袖脚蹬翘头靴，见人要作揖施礼。

东北的远古玉人，坐姿权威者在意高冠和耳套，未饰着装。

距今4400年前的陕北与东北，两地的人文意识，社会发展程度，明显不同。

远古玉人为研究当年的文化和历史提供了珍贵的实物资料。

气候与人类生存密切相关。

今天世界上面积最大的撒哈拉大沙漠，五千年前曾有过江河和绿洲，撒哈拉沙漠里多处岩壁上画着水牛，河马等动物。位于新疆西南部的罗布泊，五千年前湖水面积大于两个青海湖，那一带曾是东西方交流的通道，现在干涸成荒漠，寸草不生。

图册里的榆林玉人来自毛乌素沙地之东，红山玉器出自科尔沁沙地西南。经年累月的风，裹挟着干涸后河床里的砂砾，铺撒开来形成沙地，五千年前砂砾们还沉睡在碧绿的水底吧，当年涓涓河水里的游鱼被塑造成玉鱼，那时磨制的玉禽和玉兽透着滋润，生机勃勃，红山玉器以蜷卷模式塑造的动物，有着种类繁多的头面部。

全新世里距今4400年之前的气候事件造成环境突变，影响社会形态，历史长河发生转折。

在天地一片冷肃中，田里颗粒无收，人群逃离家园，文化得以交流。

气候事件前以石质工具制玉，没有金属的踪迹。气候事件后玉器上采用金属工具钻孔，先是青海再到中原。青铜器出现。

人们为裹腹为取悦，猎杀飞禽走兽，带来工具制造的进步，加速动物种类的灭绝。

严峻的环境，减少了果实采集，促进了种植耕耘。狩猎的困难，促进了养殖。

随着人群的溃散，黄土高原西北的神木，太湖流域的良渚，不少文明之星相继陨落坠入黄土，机会于现代考古发现。

气候事件造成人群迁徙，制陶模式随之挪移，以陶器划分文化类型受到干扰，例如龙山文化。那个时期北方地区玉器上的孔具有鲜明的时代特征，能区分出制玉工具的材质和相应的文化时段。

人的认识来源于信息。

看到一片叶子，可以知道来自植物。看到一片羽毛，可以知道来自飞鸟。看到一片鳞，可以知道来自游鱼。看到玉器上漏斗形状的对孔或以两个漏斗形状对接的通孔，可以知道玉器来自距今4400年以前的石质工具制玉时代。

气候事件前的恬静时光被固化在远古玉器上。负载着文化，映射着富裕，蕴含着人文思想，展示了地位等级的远古玉人给我们带来远古信息。

一万年以前的漫长年代里，古人将燧石打制成有锋利边缘的工具。距今一万年左右，古人磨制石质工具。用石质小钻头在玉料上钻出漏斗形孔，磨制出玉器。

对远古玉器一类实物进行考证获得的信息让我们趋近历史的真相。

没有文字时代的历史，通过对当年器物进行科学研究，一点一滴被还原。

神话传说是一种追逐心之所往，唯心创作的艺术表达形式。远古以来，天地间的奇妙被编撰成优美浪漫的神话故事成为文化的一部分。研究历史要用科学的方法唯物求真。科学若混搭着传说去还原历史，如同登月后去寻觅那棵神话故事里的桂花树。没有科学精神的思想和方法会带偏历史研究。

后世文人按外观形制赋予玉器许多繁缛的称谓，这无涉玉器的文化归类。

各地的地理气候环境不同，经济发展水平不一致，同一个时间段里会有参差不齐的社会状态和不同的组织结构形式，各地的文化各自蓬勃，如同方言，不会整齐划一。

以文化为基石的文明，在同一个历史时期内，呈现于世界的不是只有一种模式。

文明与文化天然的本源关系，使文明具有区域性。

距今五千年前，映射富裕和社会进步的文明表象，可以是有城池的国家，可以是隽永的文字，可以是防洪分流的水利工程，可以是金属冶炼技术，可以是规模巨大的殿堂和墓葬形式，可以是玉人展现出来的阶层分明的礼仪制度，可以是大量的精美的玉器后面高度组织化，有等级有分工的社会结构模式。

文明的标准随着经济发展，社会进步，人类认知水平的提高而不断提升。

五千年前文明社会的表征是物质丰富且高度集中，阶层分明且等级森严。今天的文明国度里，社会财富的分配趋向公平，人的社会地位趋向平等。

溯望那个遥远的时代里，在我们这片广袤的大地上，古人用石质工具耕耘、筑屋，创造出财富建立了国家。安居后富足的古人用石质工具制作出满足精神需求的玉器，人的装扮和动物的形象被玉器塑造得以留存，社会的富裕程度和组织机能由玉器的优劣多寡得以窥见，礼制与文明通过陕北土塬上的玉人呈现。

距今大约4400年左右的气候事件之前的成百上千年间，丰饶养育出来的文明之花在我们这片大地上灿烂绽放，其中东北有赤峰，东南有良渚，凌家滩，北有神木。富则置玉的时代里，各地用石质工具磨制出来的形形种种的玉器见证和记录了璀璨。

参考文献

（1）徐利斌，孙立广，彭子成，罗泓灏，王吉怀：蒙城尉迟寺文化层的地质地球化学研究Ⅱ——古遗址气候变化反演及代用指标选择，中国科学技术大学学报2009年第7期，678-680页。

（2）吴文祥，刘东生：4000aB.P.前后降温事件与中华文明的诞生，第四纪研究第21卷第5期，2001年。

（3）王绍武：4.2KaBP事件，科学知识第六卷，2010年第1期。

（4）葛倩，刘敬圆，初凤友，杜远生，薛佐：全新世事件3与古文化变迁，地质科技情报第29卷第3期24页。

（5）赵艳等：全新世气候渐变导致中亚地区植被突变，中国科学 地球科学 2017年第47卷，第8期 932页

目 录

第一部分　榆林同一个方国里的玉器

第二部分　红山文化玉器——赤峰宁城

第三部分　红山文化玉器——其他地域

各部分玉器按重量递减排序。

第一部分

榆林同一个方国里的玉器

诞生于距今4400年左右的气候事件之前，用石质工具磨制的玉人们，以自身的文化符号展现出文明的真实存在。

1.碧玉双圆髻偶像面具

材质：和田玉　重356.87克

高x宽x厚，90 x 90 x 40 毫米

　　距今五千年左右，黄河中游黄土高原西北，榆林一带存在着一个有等级有礼制，富裕文明的方国。

　　方国里的人崇尚黑色。色深为贵。

　　方国用珍贵的深绿色和田玉磨制成男性偶像的面具供悬挂尊奉。

（孔深4毫米）（偶像面具的正面）

（偶像面具的背面）

偶像玉器的头顶上束着与方国男王同样的双圆髻。

没有桌椅的年代里，玉器上都有可供穿绳的孔。

同一件钻孔工具在玉器上钻出来的孔型相同。

测量这批方国玉器上的孔可以得知，加工这些玉器的钻头长约5毫米，近似一颗长粒大米。这么短小的钻头不可能是金属材质，只能是高硬度的金刚石、刚玉之类的石料。

高硬度小石子钻头后面的支撑杆远比钻头粗大，粗大的支撑杆不能随钻头进入旋磨出来的小孔内，钻头有多长就只能在玉器上推进多深。

外形不规则的石质钻头具有不同的旋转半径。在玉器上推进一个钻头长度，扩磨出来的空间近似圆锥的形状，钻出来的孔像个小漏斗。

以石质钻头之短，在厚度小于两个钻头长度的玉器上钻通孔，需要小钻头从玉片的两面正对着位置分别钻，两次钻入，钻头在孔道里相衔接，才能钻出一个直径足够穿绳的贯通孔。两边钻头形成两个圆锥，锥前部在孔内相接处旋磨出的直径较小，孔道内呈现出坎坡。

两边钻头形成两个圆锥，锥尾将孔的两面都磨出一圈斜坡。

碧玉偶像面具的通孔里，可以看到从两边对钻的石质小钻头在深4毫米的孔道里，磨出的有锥度的斜坡和往复旋磨的划痕。

单个孔的圆锥形状，通孔里的坡坎，孔口两面的斜坡，孔壁上的旋磨纹，是石质短钻头旋磨出来的孔独具的特点。

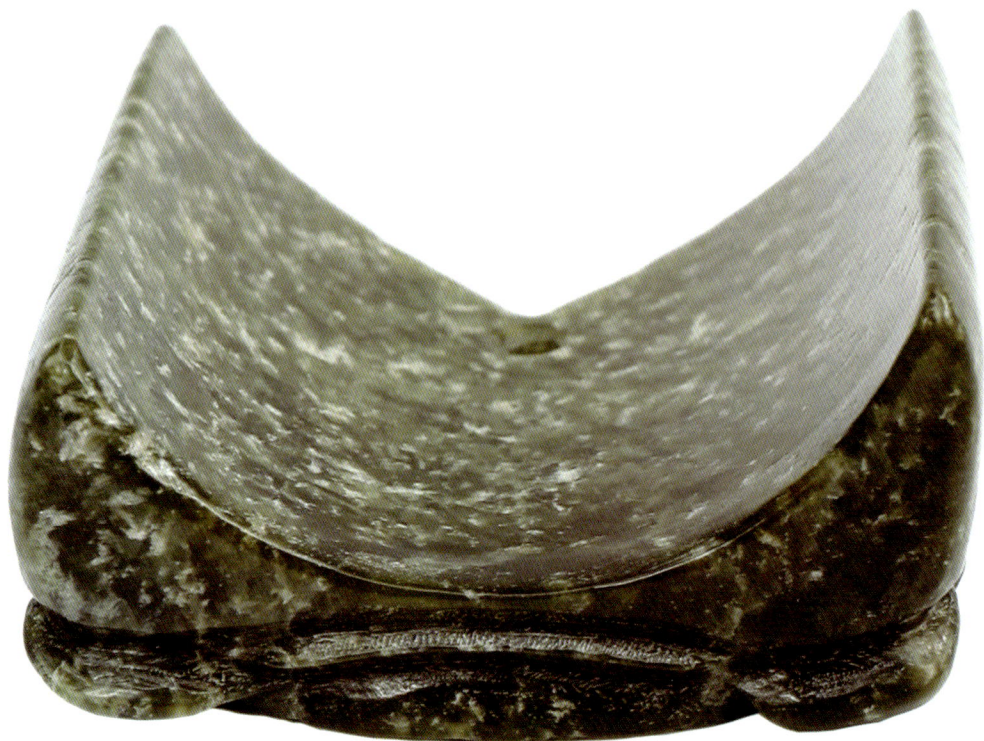

　　尊贵的玉面具背后是内收的弧形。相同的弧形也出现在国王和孕后玉器的背面。玉面具背后的弧形面上有套取玉料时留下的划痕。

　　面具底部的沟槽里满是燧石工具旋磨开槽时产生的，一道道垂直于沟槽边缘的划痕。

　　偶像玉面具表面，浅黄色的材质经不起数千载的风化蚀毁，留下斑驳的点点小坑。

　　碧玉面具正面以沟槽为线条，勾化出偶像的大眼和大嘴。燧石工具粗砺的外壁旋磨玉器，在沟槽内留下一道道垂直于槽沟边缘的痕迹。

　　孔道里的坡坎，孔口的斜坡，孔壁上的旋磨纹，槽沟里的划痕，这些石质制玉工具留下的加工痕迹，共同构成方国玉器上有辨识度的标记。

　　玉器上与生俱来的加工痕迹告诉我们，这个陕北方国里的玉器是在商代周朝之前，在距今4400年左右的气候事件之前，在没有金属工具的年代里制作出来的。

2.黄玉作揖立女

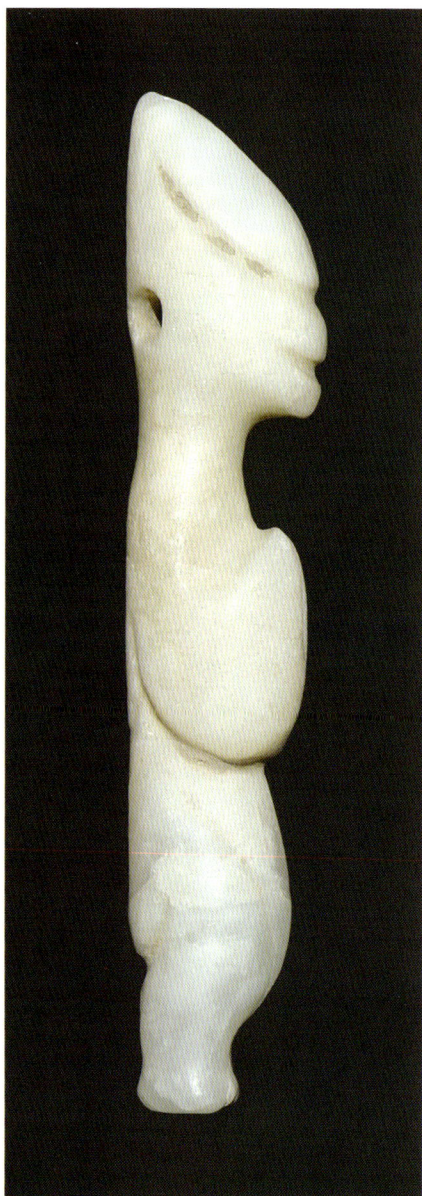

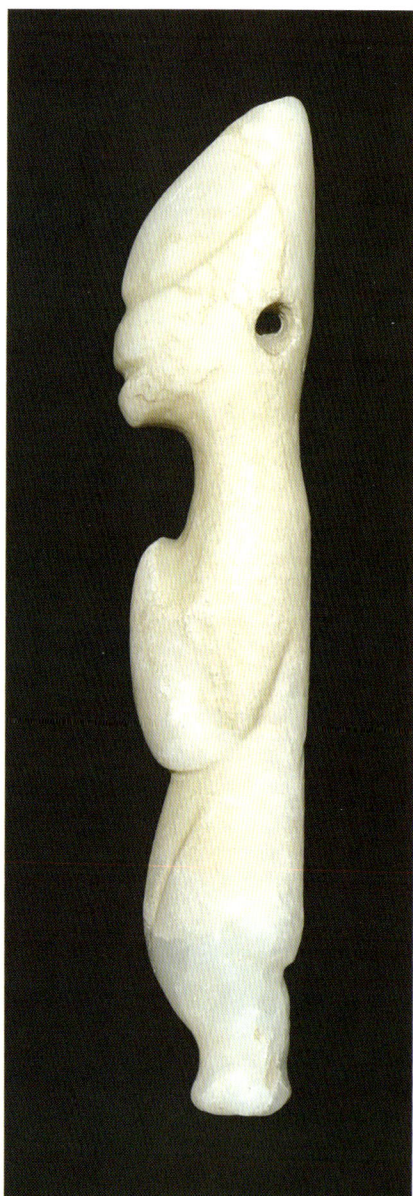

材质：和田玉　重233.36克

高x宽x厚，179 x 37.5 x 25.2毫米

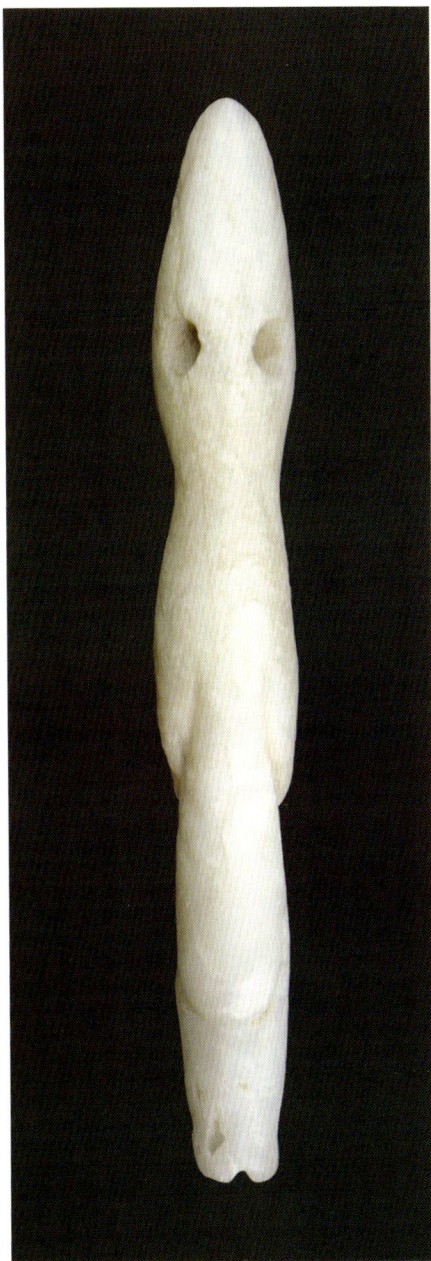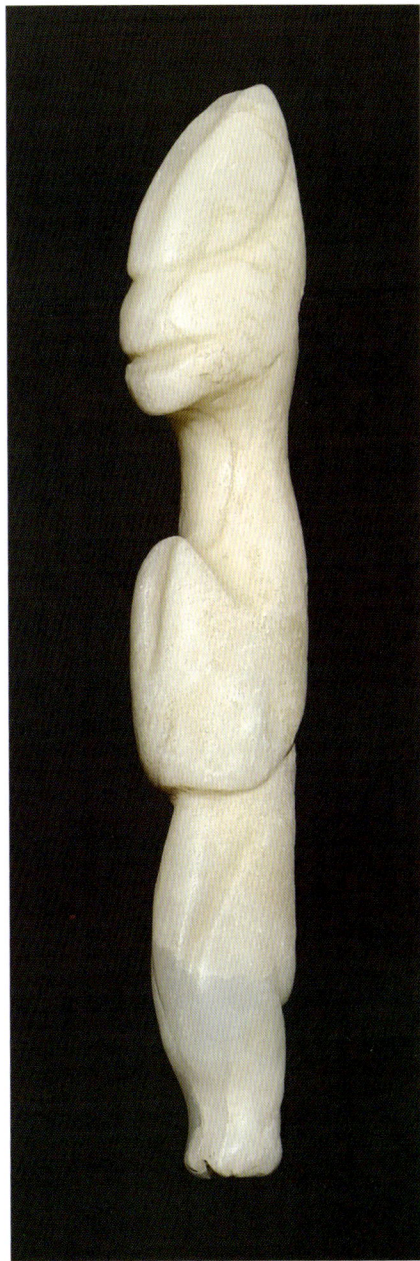

方国文化以女子腿脚纤细下巴长为美。

玉女头顶束着向后的双尖髻。

距今4400年左右发生的气候事件迫使人群迁徙，大地上的文明方国溃散。在气候事件之前从容安逸的成百上千年间，黄土高原上这个富庶的方国里文化已经形成体系，在这个礼制社会里，贵者跪，卑者立。没有身孕的女子见人要施礼。

身分低微，长下巴的黄玉美女站立着，长袍宽袖，双手合掌于胸前，指尖朝上，致意行礼。

从卑微的立者也要施拜礼，可以看出方国礼仪制度的成熟，可以感受到方国社会氛围的平和与理性。

美女玉人的造型比例侧重于她上身的行礼姿态。

惟礼惟重。礼仪根植于日常，礼制深入人心，制玉匠人莫乎其外。

方国制玉使用同一个石质小钻头钻孔，钻出来的孔呈漏斗形。

方国玉器上的孔有两种。单个贯通孔和两个独立的前端相连通的孔。

国王和偶像面具上钻的是单孔，供悬挂尊奉。

厚度小于9毫米的薄玉片上钻出单个通孔既作为眼睛也可供穿绳。

厚一点的玉器上要分别钻两个单独的孔，两个孔的前端在玉器深处相接通形成穿绳通道。

塑造这位美女的长筒和田玉籽料通体浑圆顶端稍薄。古人避开在玉料头顶上较薄的尖髻处钻一个通孔，在玉美人背后斜着钻了两个漏斗形状的孔，孔的前端相连通用来穿绳。

作揖玉美人背后两个孔的位置偏上，穿绳悬挂时玉人的姿态直立，体现了人文意识，尊重位卑的站立者。

3.凸眼大嘴婴

材质：和田玉　重210.65克

高x宽x厚，153 x 41.5 x 18毫米

不同的居住环境形成不同的习俗。红山文化区域里的古人生活在山峦密林中，注重嗅觉和听觉，红山文化玉人着意刻划鼻耳。陕北榆林方国所在的黄土塬上天高地阔，这里的古人推崇能望远的大眼和声音洪亮的阔嘴。

被寄托着美好凤愿的壮硕童婴有着一双格外大的圆形凸眼，咧着大嘴笑。

玉婴背后斜对着钻出来的两个漏斗形状的穿绳对孔是石质小钻头的作品。

方国里孩童不束发。平头孩童长到一定年龄见人要合掌施礼，再长大一点可按身份采用跪姿，成年后束髻。

这个没有作揖的童婴尚年幼。

4.灰玉行礼立男

材质：和田玉　重196.91克

高x宽x厚，134 x 40 x 20毫米

双髻前耸的男子着长袍，腿脚粗壮，鞋头上翘。

五千年前位于黄河中游的方国里有着成熟的礼制。

除国王，老妪，孕妇，婴孩外，人们见面时要相互行礼。

施礼时要抬起双手合掌于胸前，十指向上，又称作拜，作拱，作揖。

五千年前没有凳子和椅子，阶层分明的方国里，贵者跪着，卑者立着。能被玉器塑造的立者，是达官侍从。

方国里的立者也要施礼予人。

男性国王束双圆髻于脑后，地位卑下的男性立者束双髻于头前。

生活优裕等级分明管理有序的方国里，礼制严格而详尽。

行礼玉立人，背直挺，头微低，嘴角上翘，抬手合掌谦恭作拱，姿态持重，展示出方国里达官侍从大度从容的礼仪风范。

行礼的立者为男子，长袍宽袖脚蹬翘头鞋，束前双髻。

方国在较厚的玉器上塑造玉人眼睛多是刻划出两个大圈槽。石器刻划出来的圈槽里没有商周玉器上常见的金属锋刃的划痕。

行礼玉立人的身侧，用一条上挑的弧线形槽，勾描出长袍的绵软和衣袖的宽松。

方国的石质制玉工具远不如二千年以后的商周及之后时代金属制玉工具那般能得心应手，能随意创作出繁缛的纹饰和造型。也正是囿于石质制玉工具的粗陋，方国玉器的造型拙朴简洁，玉人身上仅磨出寥寥的线条就传递出玉人的形神，生动准确。

玉人颌下有燧石棒旋磨的痕迹。

行礼玉立人脑后是两个外大里小前端相连通的穿绳孔，这两个孔壁上有旋磨纹的孔，亦出自方国里同一件石质小钻头。

5.碧玉直跪孕后

材质：和田玉　重125.96克

高x宽x厚，84 x 59 x 28毫米

方国里玉料颜色逾深逾珍贵。

用尊贵的深碧绿色和田玉籽料塑造了怀孕的王后。王后头顶束着两个尖端向后的发髻，孕肚丰满，腿脚纤细俊秀，王后以与国王同样的高贵姿态挺身直跪。

碧玉孕后的背部也是一个内收的弧形。截取玉料后形成的弧形，塑造出高贵者专有的背部造型，由挺拔体现青春的活力。惜料与造型兼得。

用石器琢划一圈成就了玉孕后的一对大圈眼。

圈槽里没有金属刀刃的锋芒，数千载的光阴沉积在圈槽底。

时光在玉孕后的右下部蚀出一条弯曲的红沁。

　　塑造有孕肚的王后，将孕妇形象塑造成玉人，是方国在赞美和倡导孕育行为。方国渴求人丁兴旺，企求发展壮大。

碧绿玉孕妇的脑后有两个相邻的头尖尾大的漏斗形孔，孔的顶端相连通供穿绳。

漏斗形状的孔是石质小钻头旋磨出来的，圆锥形内壁上的旋磨纹随着石质小钻头一直旋转到底。

碧绿玉料材质细腻，孔壁上一圈圈的划痕浅且细密，石质钻头往复旋磨产生的圈纹有断续有交错。

商周及之后的时代在玉器上钻孔使用金属钻头。钻头与钻杆连成一体，直径相同的金属钻头在玉器上旋转着推进，钻出来的孔是圆柱形。

金属钻头既不能在玉器上钻出这种没有台阶的漏斗形状的孔，也不能在漏斗形状的孔壁上旋磨出细密无序的划痕。

金属钻头配合解玉砂旋磨形成的孔，不会在孔壁上留下这种一圈圈的细密划纹。

6.黄玉孕立女

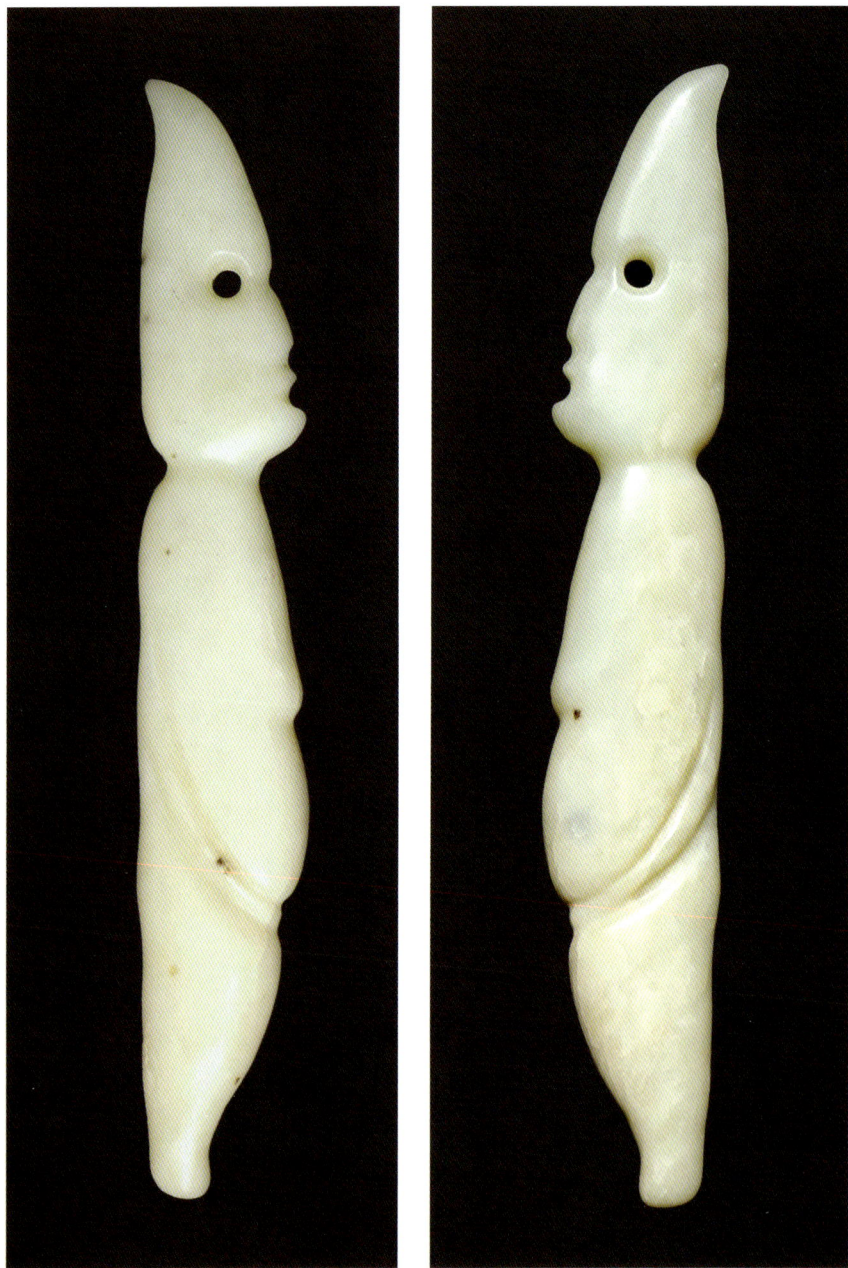

材质：和田玉 重120.12克

高x宽x厚，193 x 30.5 x 12.5毫米

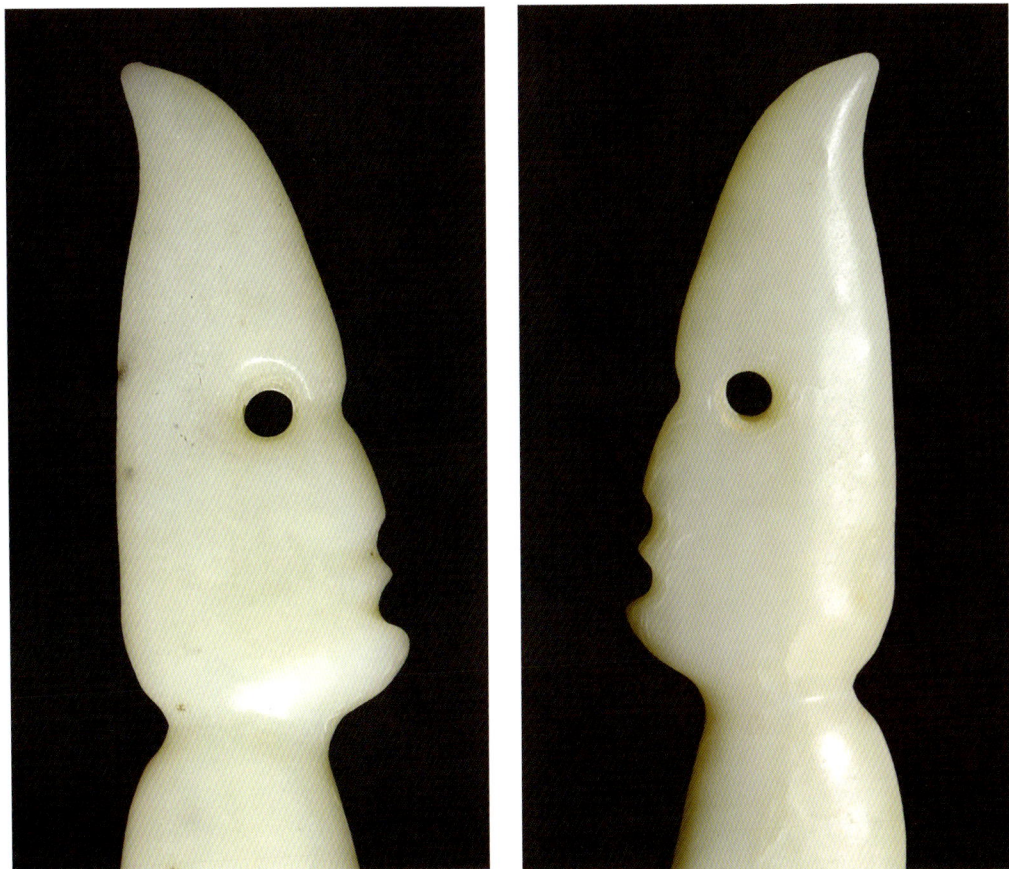

　　位于黄河中游的这个文明国度里，人的行态跪姿要严格依循身份和等级。贵者跪，卑者立。黄玉孕女没有资格跪。

　　方国的文明也体现在人文意识上，老妪，婴儿，孕妇不用抬手合掌行拜礼。

　　黄玉孕立女不用行礼，她垂着臂，脚纤小，下巴长而翘出，着长袍，束后尖髻。

　　石质短钻头从玉片两边正对着钻出通孔，塑造出玉人的眼睛。钻头旋转的轨迹近似圆锥形，圆锥的大尾部刮磨孔口，塑造出眼睛两面漂亮的眼窝。眼睛处玉器厚9毫米。

7.作揖曲跪女

材质：和田玉　重119.91克

高x宽x厚，145 x 41.5 x 8.8毫米

用珍贵的玉料塑造的玉人属于不用下地干活的阶层，这个阶层的人按照身份被礼制规定了不同的跪或立的姿态，方国里的等级制度严格而分明。

玉女有着长下巴和小巧的脚，是方国里的美人。她头顶上不知是束的髻还是戴的帽子。用和田玉籽料塑造出的玉美人，跪姿像在舞蹈。

在有规矩的方国里，没有身孕的女子见人要抬臂合掌于胸前行礼。

合掌施礼的玉女身侧边有两条上挑的线槽，描划出绵柔飘逸的宽袖，极富动感。

五千年前，方国里的人，身份在王者之下的立者，身着长袍，袖笼蓬松宽大，纺织业的高度发达支撑起服饰用料的恣意。玉人的长袍宽袖既展示了方国经济上的丰衣足食，也表明那个社会存在着等级和分工。

石质短钻头从玉片两边对钻，成就了玉美人透亮的眼睛和两面的眼窝。

玉美人颌下有燧石旋磨的痕迹。

8.墨色玉直跪王

材质：和田玉　重103.69克

高x宽，100 x 44.5 毫米

位于黄河中游的方国人崇尚黑色。

黄土地上的方国用高贵的黑色和田玉磨制出年轻的王。

年轻的王头顶上束着两个高耸的圆髻，头发浓密，圆髻又厚又大。

年轻的王昂首挺胸收腹，以高贵的姿势直跪。

王者玉器昂扬着的脖颈处厚度不到4毫米，这么薄的玉器不适合携带，这件单孔王者玉器是供悬挂尊奉的。

王者玉器的后背也是内收的弧形。

大块的和田玉籽料用来塑造王者的同时，对珍贵的玉料进行了裁取。截下的玉料直径约80毫米。

（孔径5.2毫米，孔深9毫米）（从髻顶向内钻孔）　　　　（从髻下向外钻孔）

王者玉器头顶的圆髻处厚9毫米，以石质钻头之短钻不透。石质钻头在圆髻处从上向下，从下向上先后正对着钻孔，两次钻孔的钻头在孔道内正面衔接，才形成这个孔径约5.2毫米的通孔。从两边对钻的钻头，旋磨出两个近似圆锥形的空间，两个圆锥前端相接处的直径偏窄小，孔道当中留下一圈带斜坡的坎。

从孔壁磨痕的深浅不一可以看到手工钻孔时着力不均衡。从孔道内坡坎的不同心，可以看出从两边对钻时对位的不易。孔道的形状是小钻头旋转的身影，从孔道的形状可以看出，这枚石质小钻头前部的旋转半径较大，磨出的孔径较粗。

这个近乎黑色的墨绿色和田玉材质结构粗硬，钻孔留下的划痕深刻，孔壁上往复旋磨产生的划痕深浅不一。

若使用直径5.2毫米的金属钻头在玉器上钻孔，不可能在深9毫米的孔道内留下一圈有坡度的坎，也不会在有锥度的孔壁上留下一圈圈深浅不一的划痕。

五千年前黄土塬上的方国，管理严格，阶层分明，位尊者跪，跪姿也分高下。身份最高贵的国王和孕后，是挺直大腿收臀的直跪姿态，身份往下一级的跪姿是折曲大腿沉臀的曲跪式。

9.碧玉作揖立孩

材质：和田玉　重69.92克

高x宽x厚，84 x 26 x 24毫米

方国里幼童不束发。不束发的孩童长到一定年龄见人也要行礼。

绿莹莹的美玉磨就了一个正在合掌施礼的孩童，孩童还没有到束发年龄。

孔口边缘被绳子磨得这般光滑，定是常年随身携带着的宠子。

宠童玉器的孔壁上有石质钻头钻孔时留下来的旋磨纹。孔道里有两边钻头相接留下的斜坡。

孔道内侧壁上有个坑壁陡直的浅坑。

10.白玉跪姿老妇

材质：和田玉　重66.21克

高x宽x厚，83 x 29.5 x 24毫米

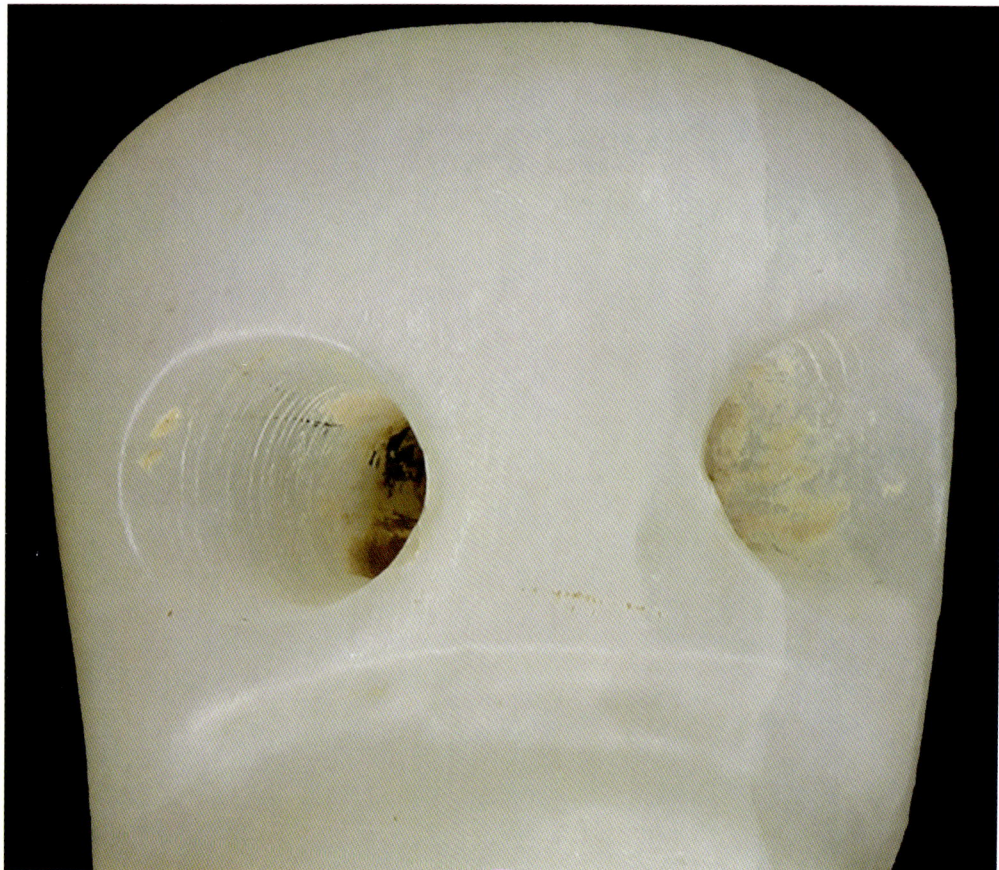

　　玉人体态丰腴，长脸躬背，高贵的跪姿表明这是一个地位较高的老妇人。老妇人免行礼。双手下垂抚膝。

　　为避免从玉妇的眼部通孔里穿绳，制玉人在玉妇脑后另外钻出一对穿绳孔。孔的位置高，穿上绳子后可以使老妇人保持有尊严的姿势，体现出文化深厚的人文意识及对老妇人的敬重。

　　跪姿玉妇脑后两个漏斗形斜孔的孔壁上有旋磨到底的划痕。

　　玉器孔壁上划痕的深浅疏密取决于玉料的材质结构。

　　老妇人玉器的身侧边磨出三条槽沟，勾划出了头面、手臂和衣褶，人物造型的简约达意出神入化。

11.碧玉大马

材质：和田玉　重64.78克

高x宽x厚，90 x 52.5 x 19毫米

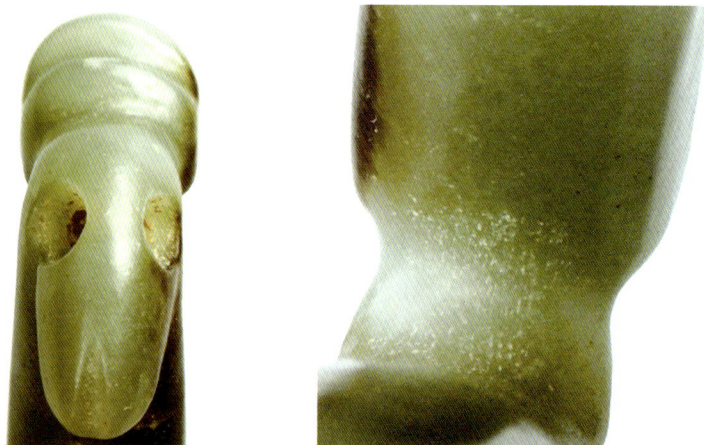

方国人用宝贵的碧绿色和田玉籽料塑造心爱的大马。

爱马面部圈出一双动人心魄的大眼睛。数千年的时光把玉马的一面涂抹成酱色，酱色沁进了眼圈。

玉马鬃上对着钻出两个用于穿绳的漏斗形孔。玉马颈项的凹处有燧石旋磨的痕迹。

12.白玉大直筒

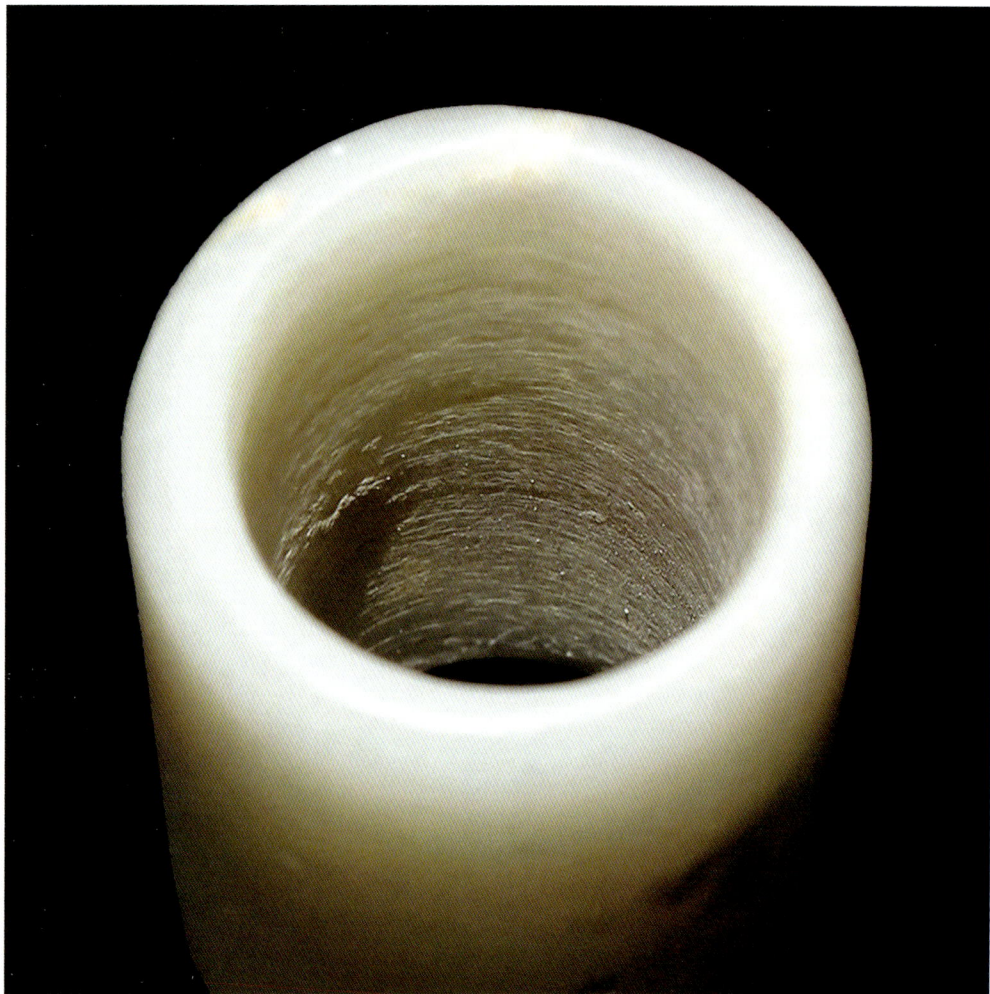

材质：和田玉　重56.32克

高44毫米，内径21毫米，外径32毫米

钻通玉直筒大孔使用一种圈钻工具。旋转立杆，固定在立杆底部外廓上的石质钻头绕着玉筒内壁做圆周运动，钻头一圈圈旋磨着孔壁，留下一圈圈发丝一样的划痕。手工操作圈钻工具，旋磨出的玉筒内壁不平直。

几千年的光阴在玉筒上镌刻出石花。

13.鸡骨白平头孩

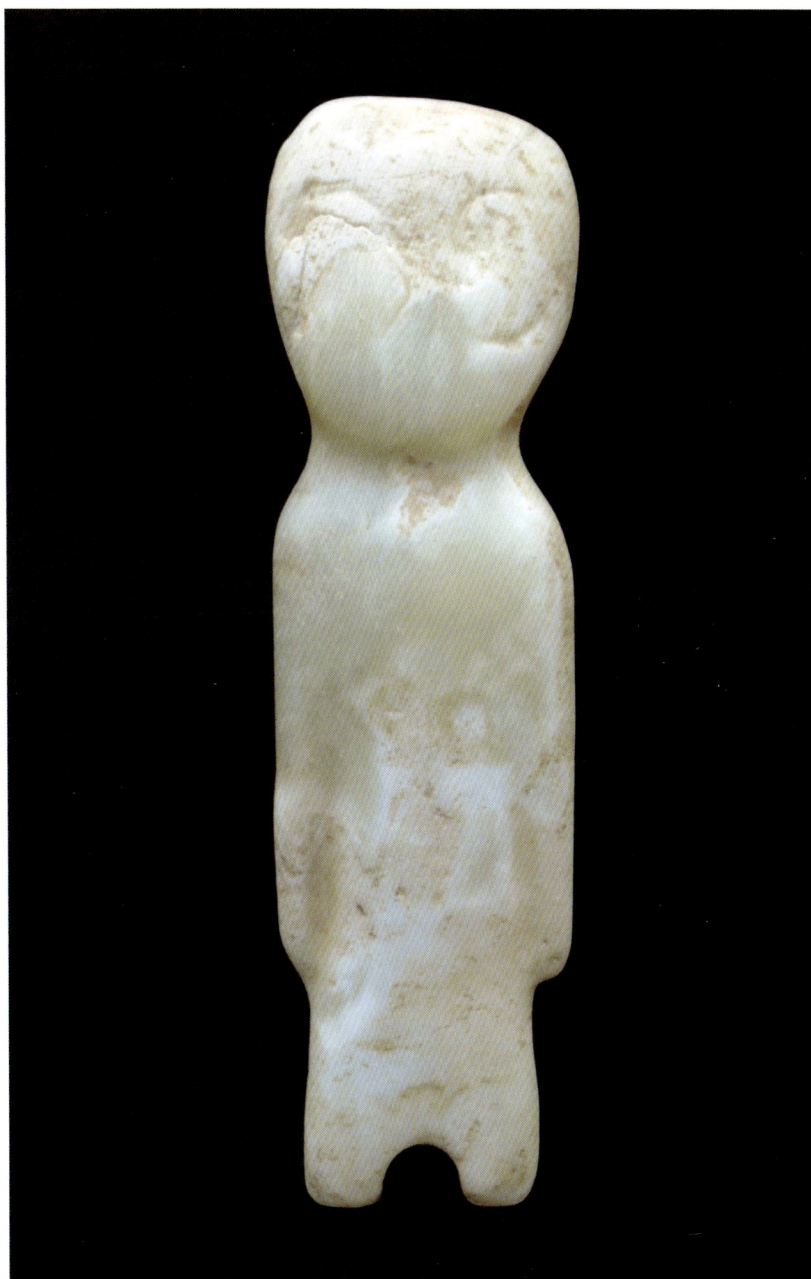

材质：和田玉　重48.8克

高x宽x厚，95 x 27.5 x 11.5毫米

玉童这么短的腿，是跪着的吧。

平头童孩玉器的材质被几千年的寒暑蚀成像煮熟的鸡骨头一样白而松疏。

玉童脸上的大圈眼若隐若现。正面那一抹冰绿依稀得见当年俏丽的翠色。

与方国里用于穿绳携带的玉器一样，玉童脑后斜着对钻出来两个漏斗形孔，孔的前端相连通，像一双深邃的眼睛。幼童还没有到要束发，要行礼的年龄。

14.长玉筒

长玉筒上被时光蚀刻出黄色石花一朵朵。

长玉筒的内壁，当年掏孔时留下的浅细划痕一圈圈。

这孔是用一条细长的燧石刮磨出来的吗。

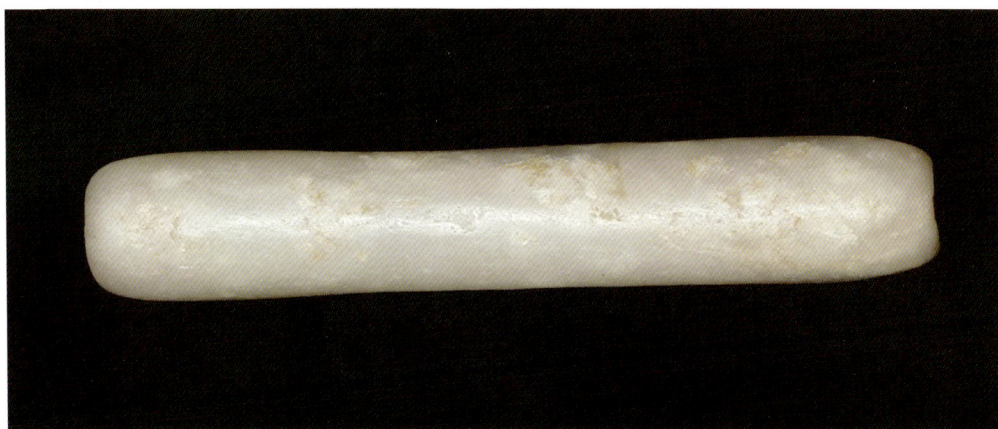

材质：和田玉 重45.66克

长95 毫米，内径6.4毫米，外径16.6毫米

15.籽料作揖跪童

材质：和田玉　重37.24克

高x宽x厚，72 x 31 x 10毫米

用和田玉籽料制作的孩童还没有到束发的年龄，挺直腰背的曲跪，合掌作行礼态。

玉跪童长着方国人的圈眼。眼圈里没有金属刀刃的刻痕。

方国里男王双圆髻，女子双尖髻，王束双圆髻于脑后，立男束双尖髻于头顶前端，孩童不束髻。

王与后直跪，次一等曲跪，再下一等站立。

王与后，婴孩，孕妇，老妪免施拜礼。方国里的成年人和长到一定年龄的平头孩童见人要行礼。挺直腰背，头微低，双手置于胸前，十指朝上合掌，恭敬作揖，是方国里人与人相见时必施的礼仪。

方国的石质钻头只有5毫米长。若玉器略厚于9毫米，小钻头从两边对钻，两个钻尖部在孔道里勉强相接，形成的孔道会过于狭窄。玉器厚于10毫米，短小的钻头在孔道里不能相衔接，钻不出贯通孔。

远古制玉人磨薄了跪童玉器头顶后方的玉料，使短小的石质钻头能在玉器较薄的边缘上相对着钻出一个孔径足够大的通孔供穿绳。

金属钻头的钻杆与钻头连成一体，在厚9毫米的玉器上直接向前旋进就可以钻通玉片，既不会在玉器的两边孔口都磨出一圈斜坡，也不会在孔道里留下两边锥形钻头相接的坡坎。

深受方国文化侵染的制玉匠人，将每一个玉人的穿绳孔都钻在穿绳后能使玉人保持正常体态的位置上，可见方国成熟的人文意识。

跪童玉器上的穿绳通孔，孔口有坡，孔内有坎，孔壁有旋纹。

跪童玉器上除了一对圈眼和一个穿绳孔，别无纹饰。

一块平整的片状和田玉籽料，在五千年前方国制玉匠人手里仅修磨了边缘，以剪影的造型模式，生动呈现出一个循规蹈矩的小玉人儿。

16.白玉长脸跪姬

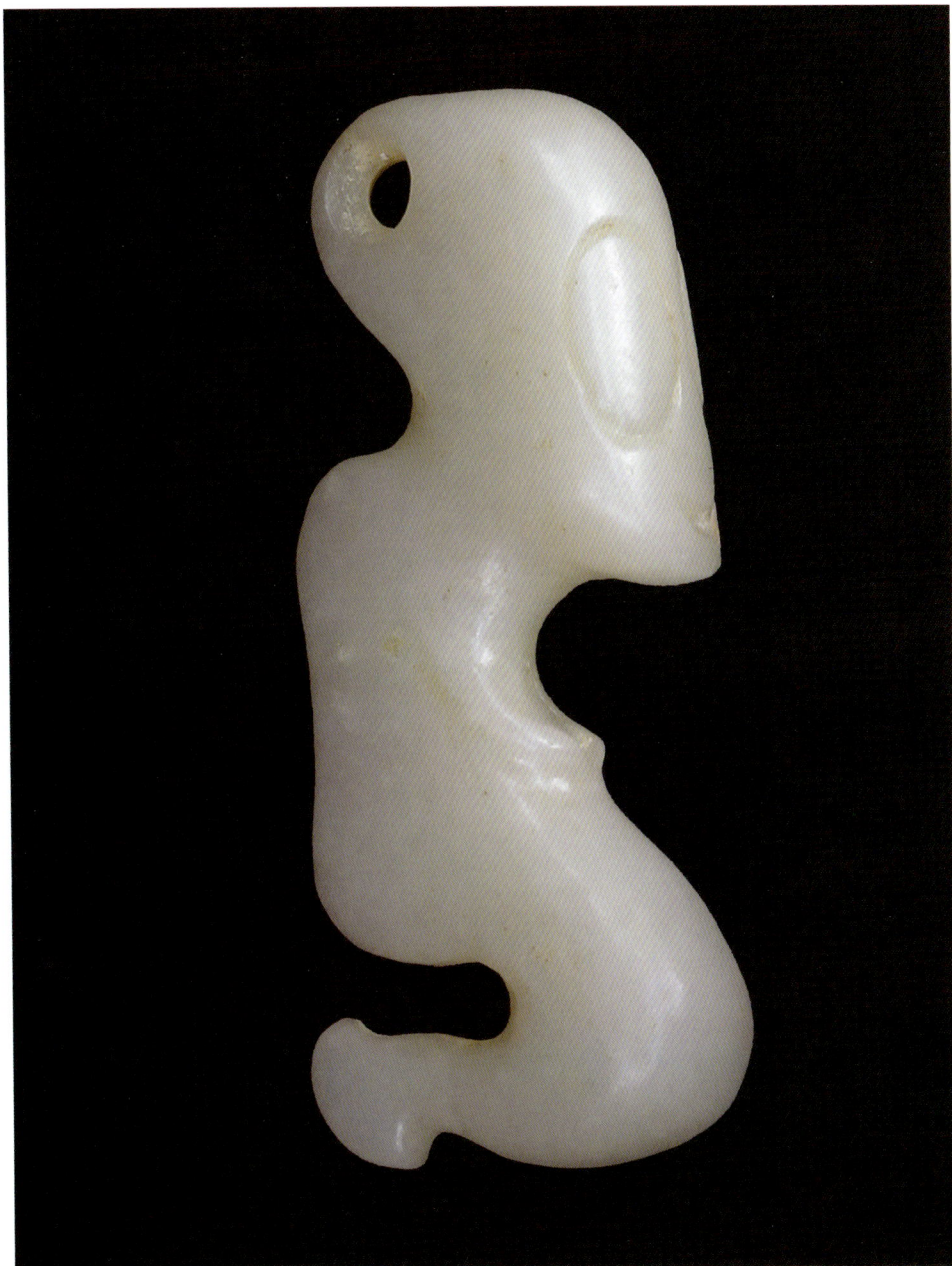

材质：和田玉 　重34.63克

高x宽x厚，65 x 28 x 15.5毫米

方国里阶层地位分明，人的身份以跪或立的姿态进行区分。

以大地为根本。尊贵者贴近大地，跪着，等级低者立着。

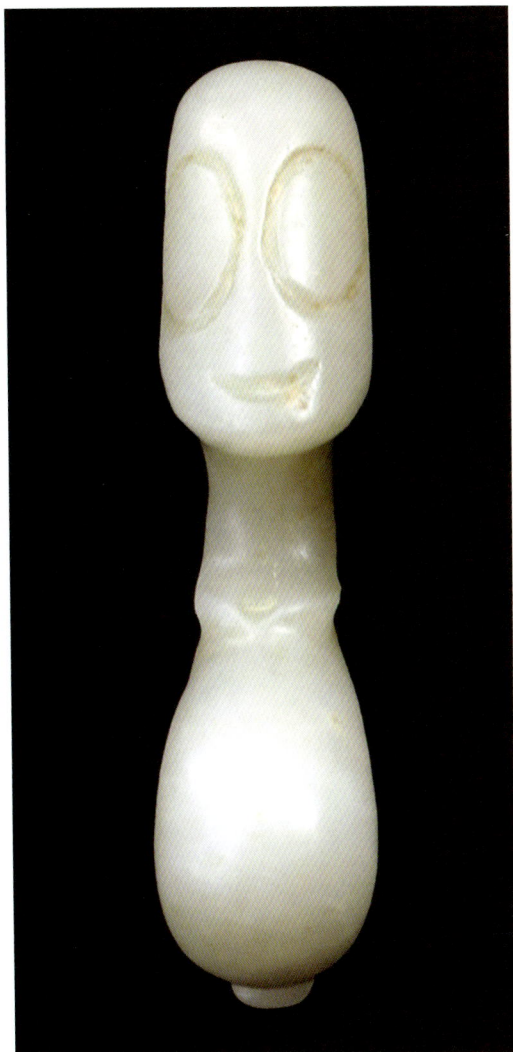

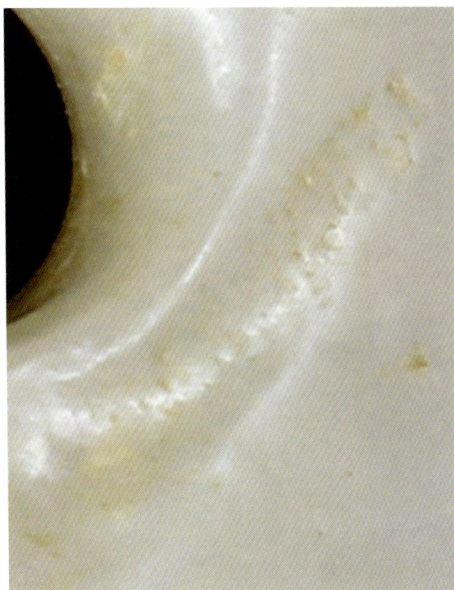

跪姿老妇人，努力挺直已经躬曲的背。按方国的规矩，老妪免于施礼。老妇人双手环捧置于腹前，一双大圈眼，面容慈祥。

方国女子以翘出的长下巴为美，老妪有着美下巴。

老妇人跪着时脚穿翘头鞋。

方国女人在头顶向后束尖髻。玉妪后髻上有一个对着钻出来的通孔，孔口有斜坡，孔壁上有旋磨纹。用燧石磨出的线条勾络出玉妪的手臂，线条里留下燧石棒旋磨的痕迹。

17.白玉弧背婴

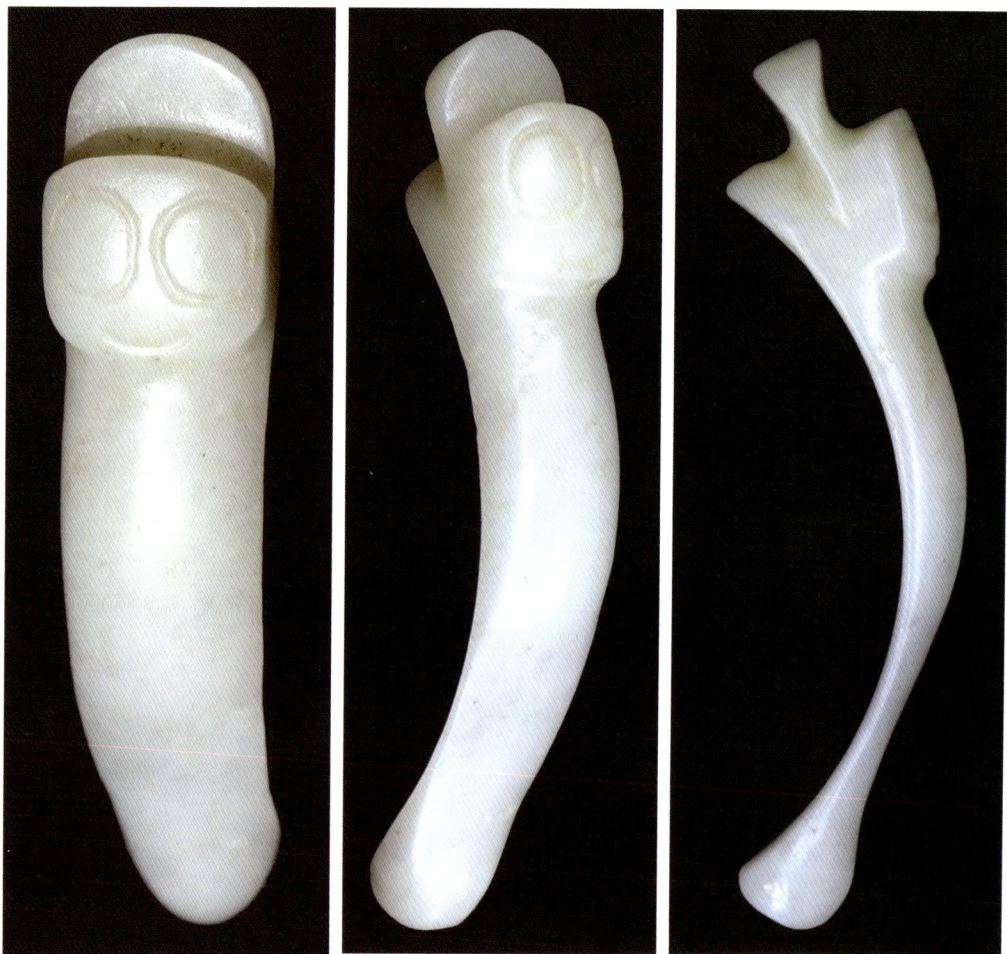

材质：和田玉　重33.59克

高x宽x厚，91 x 20 x 8.5-20毫米

这个长着与方国玉人相同的圆圈眼，大嘴，有着高贵的弧形背，时时带在身边的是襁褓中的宠婴吗。

方国人文气息浓郁，珍贵的和田玉籽料多用于塑造人。

玉人背后钻了两个前端相通的穿绳孔，漏斗形孔的孔壁上有旋磨纹。

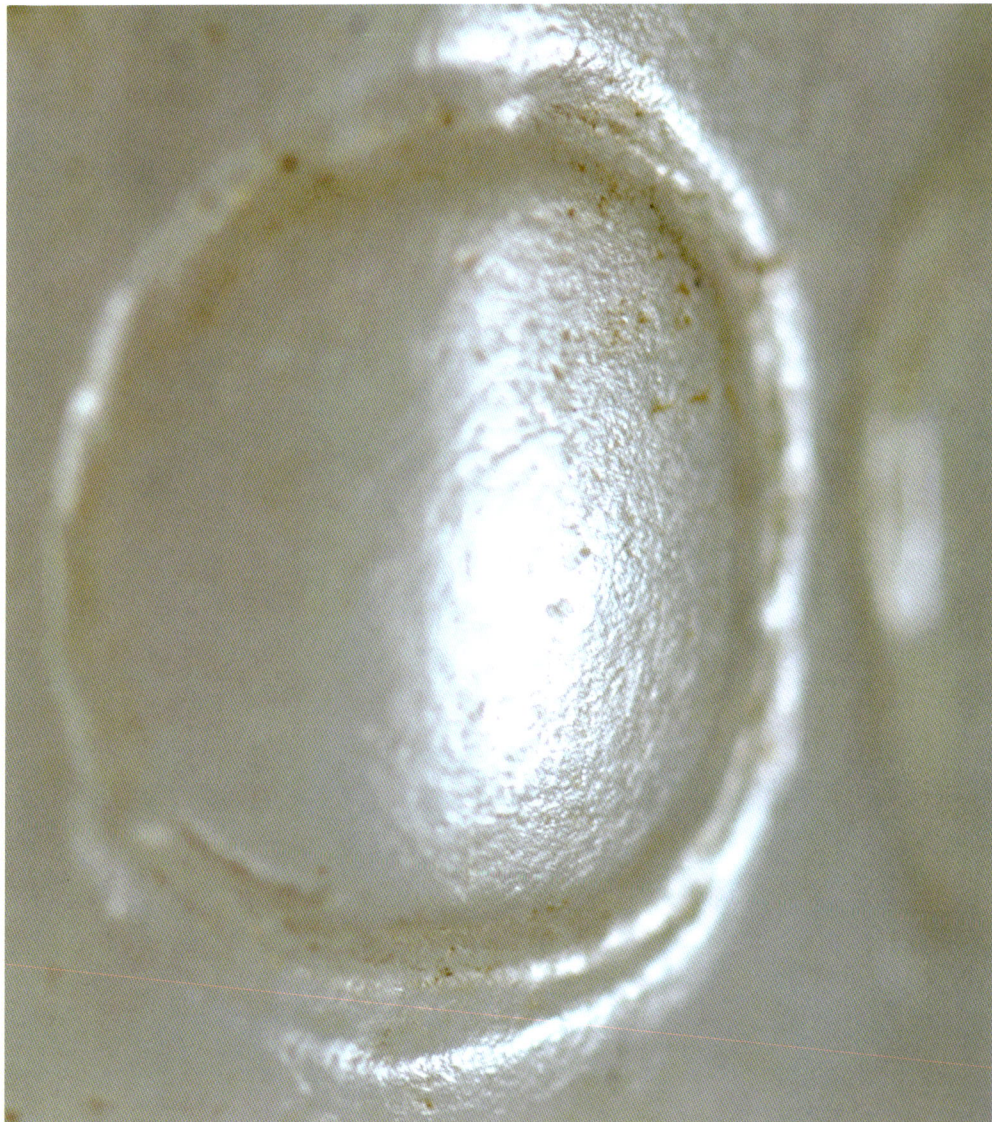

用石质工具刻磨出的玉人圈眼，放大后的图像。

悠远的岁月沉淀在玉人圈眼里。

中指大小的玉器上刻出一对大圈眼，认真磨出代表着高贵的弧形背，这份执着宠的是谁。时空漫漫，从方国的习俗和喜好里抽象出来的吉祥形象还待细细品悟。

18.白玉小面具

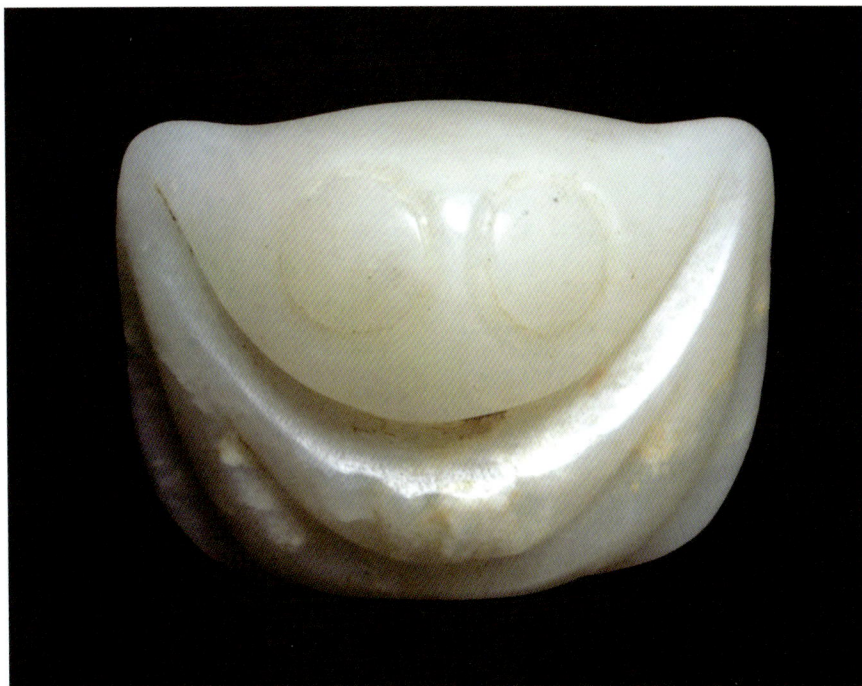

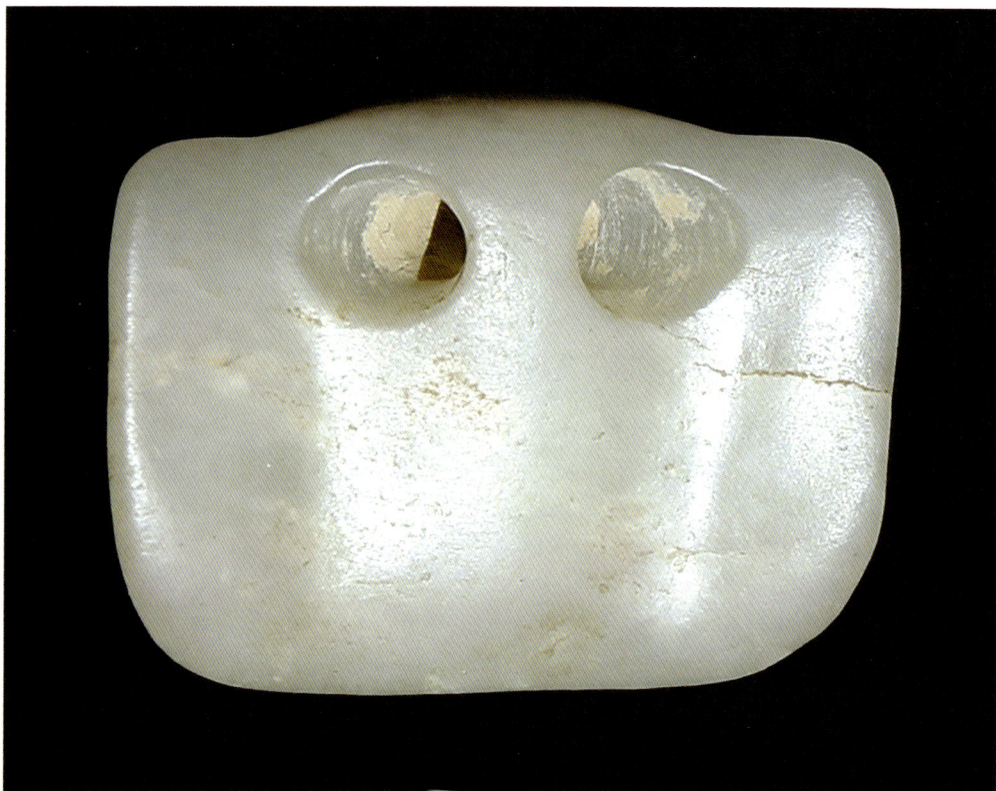

材质：和田玉　重32.05克

高x宽x厚，30 x 41x 19毫米

用一小块和田玉籽料塑造出玉面具。

圆圈眼，大咧嘴。

方国里石质小钻头在玉面具背后旋磨，扩出两个漏斗形空间，孔壁上有旋磨到底的划痕，头尖尾大的两个孔前端相连通形成穿绳通道。

玉面具的大嘴上有燧石旋磨时留下的划痕。

改变光线射入的角度，可以看到数千载时光涂染在玉料上的黄色沁蚀。

19.翘头爬龟

从五千年前一派详和里翘着头爬过来的玉龟，双眼如豆。

玉龟腹部前端对着钻了两个漏斗形的孔相连通，穿绳后龟头会昂扬向上。

龟背的四角裙边上都留下一道道燧石棒旋磨的痕迹。

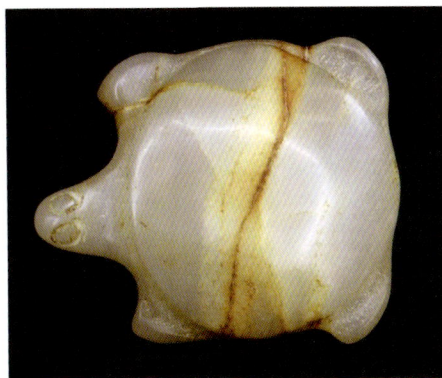 

材质：石英岩玉　重30.62克

高x宽x厚，41.5x 36.5x 13毫米

20.双尖髻背儿跪妇

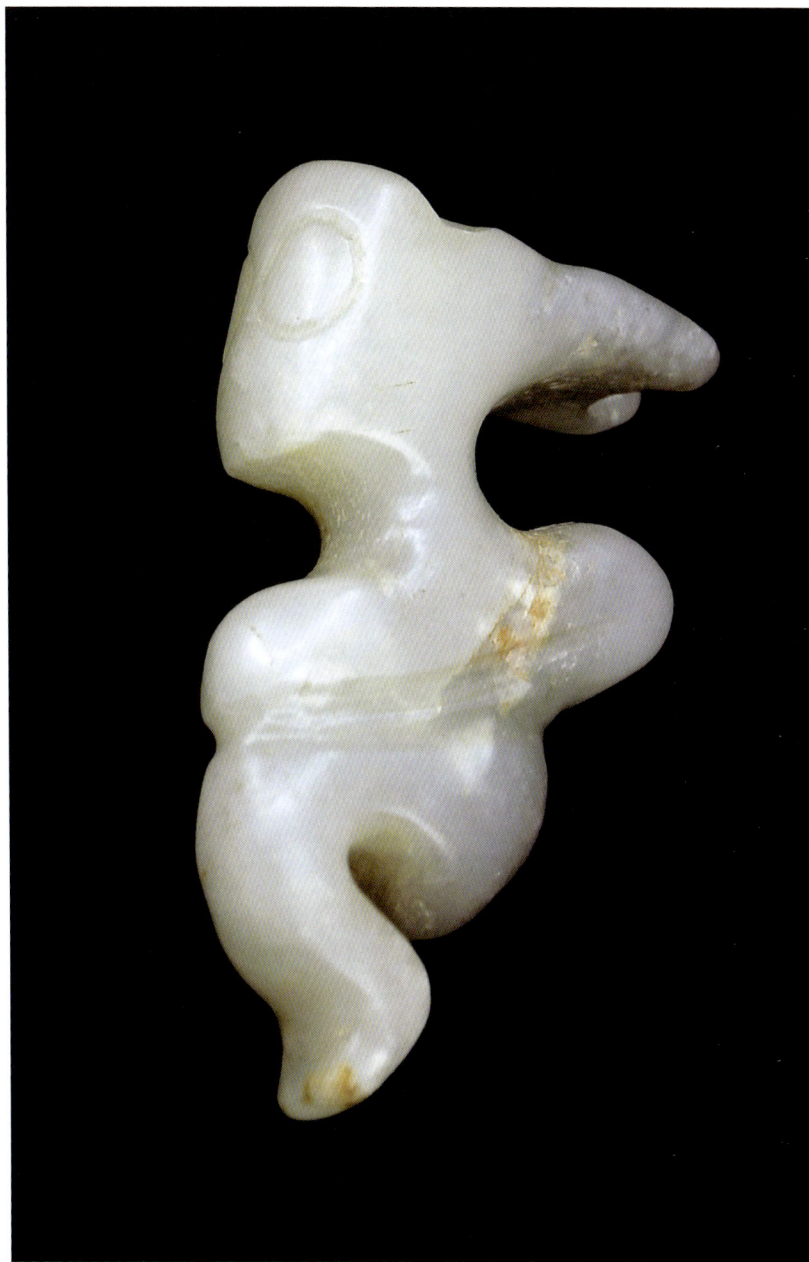

材质：和田玉　重26.19克

高x宽x厚，53 x 29 x 14毫米

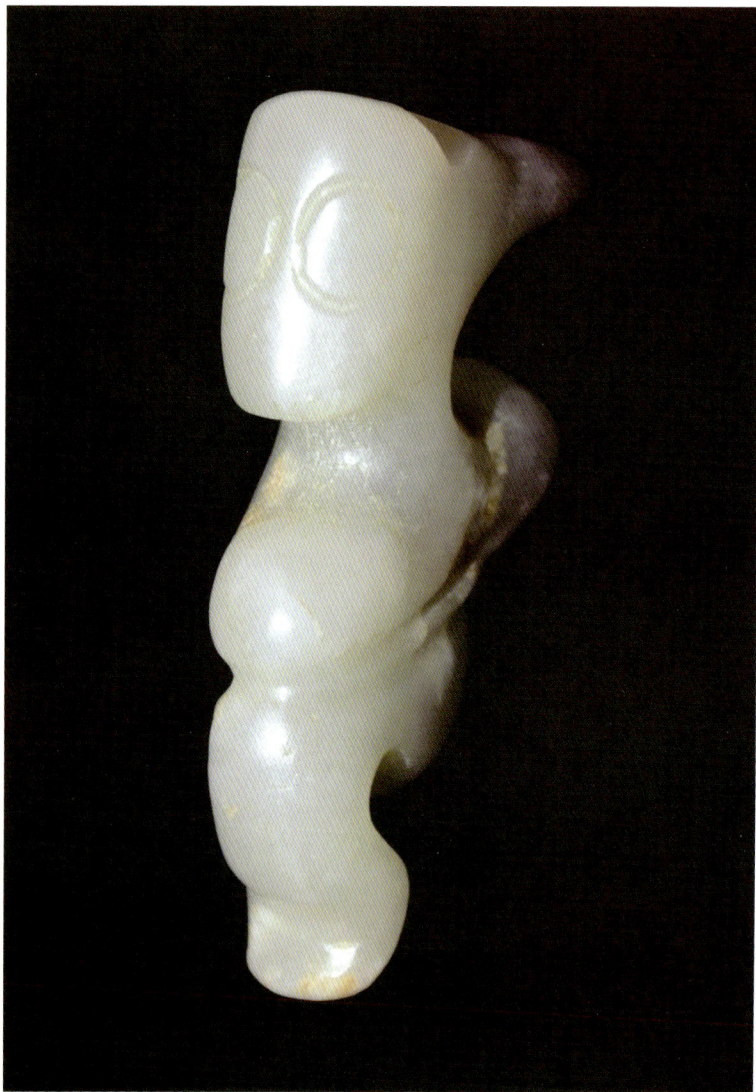

  谋求发展鼓励孕育的方国，用白色和田玉料塑造了一个背着孩子尚在哺乳期的妇人。

  制度严明的方国里，高贵者跪，贵分高低，跪姿要符合身份。同样脑后束着双尖髻，育儿妇的跪姿却有别于孕王后。孕王后是大腿立直，臀部前挺的直跪，育儿妇是折下大腿，臀部下沉的曲跪姿势。育儿妇的身份级别在孕王后之下。塑造孕王后用高贵的深绿色玉料，育儿妇用白色玉料，等级分明。

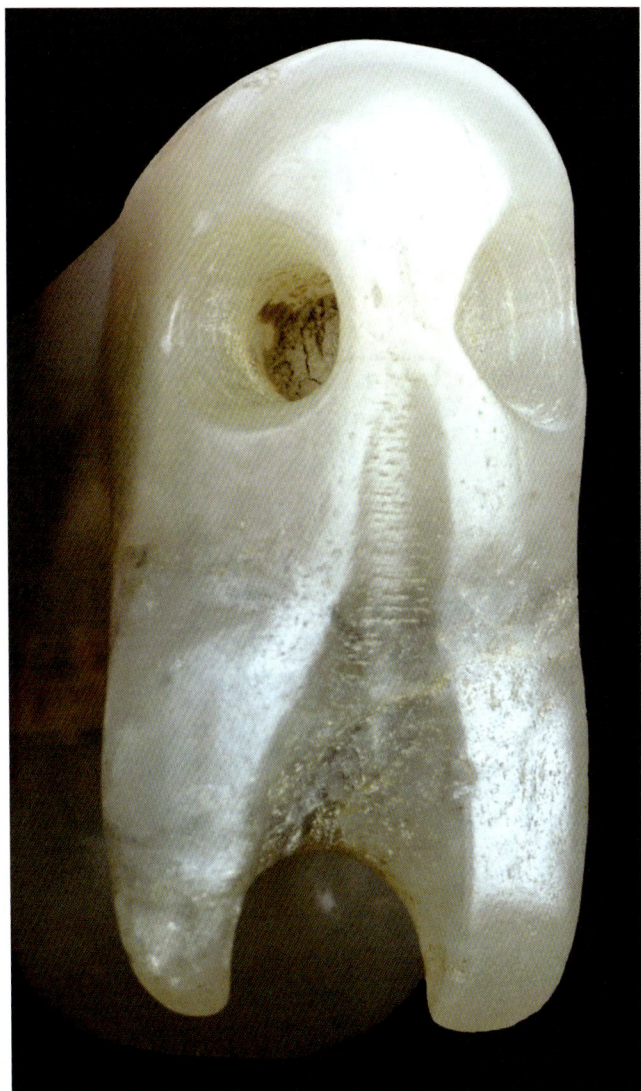

玉妇头顶上有两个漏斗形状，前端相连通的穿绳孔，孔壁上有石质小钻孔旋磨时产生的一圈圈旋到底的划痕。

玉妇的两个尖髻之间，不平直的槽沟边缘显示出磨槽时使用的燧石棒的形状，燧石棒旋磨时留下的一道道痕迹清晰可见。

金属磨槽工具没有这种不规整的外形，也不会在玉器沟槽里产生深刻的旋磨划痕。

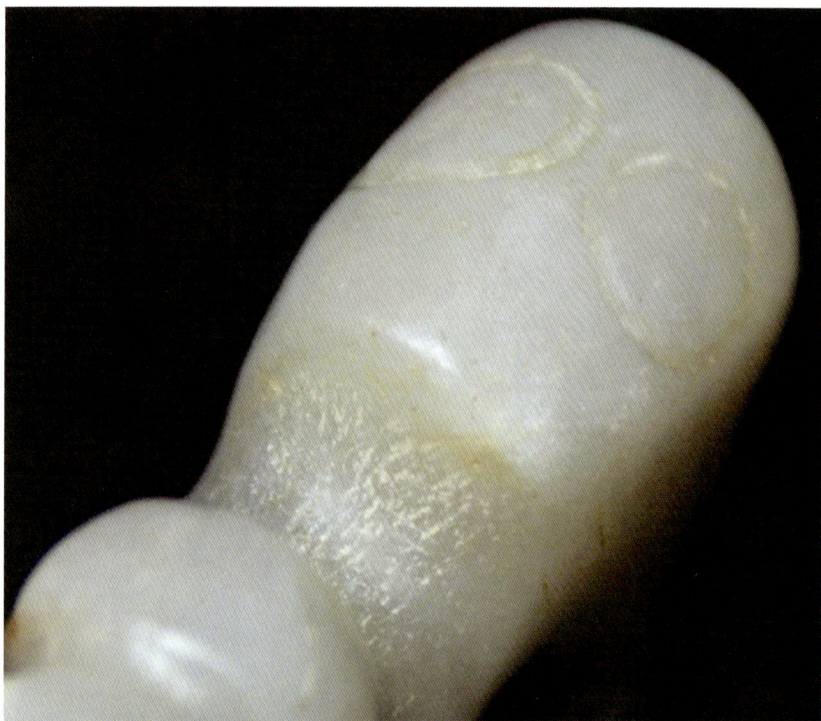

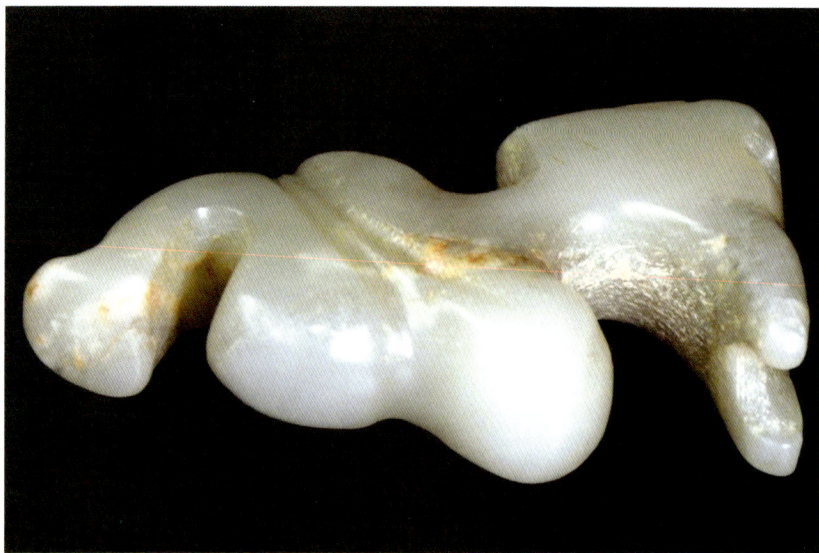

　　以燧石棒粗砺的外壁旋磨玉器时，在玉人的颚下、髻下、衣皱褶处都留下了深刻的划痕。

　　数千岁的玉人长满黄褐色"老人斑"。

21.碧玉薄片低头立妇

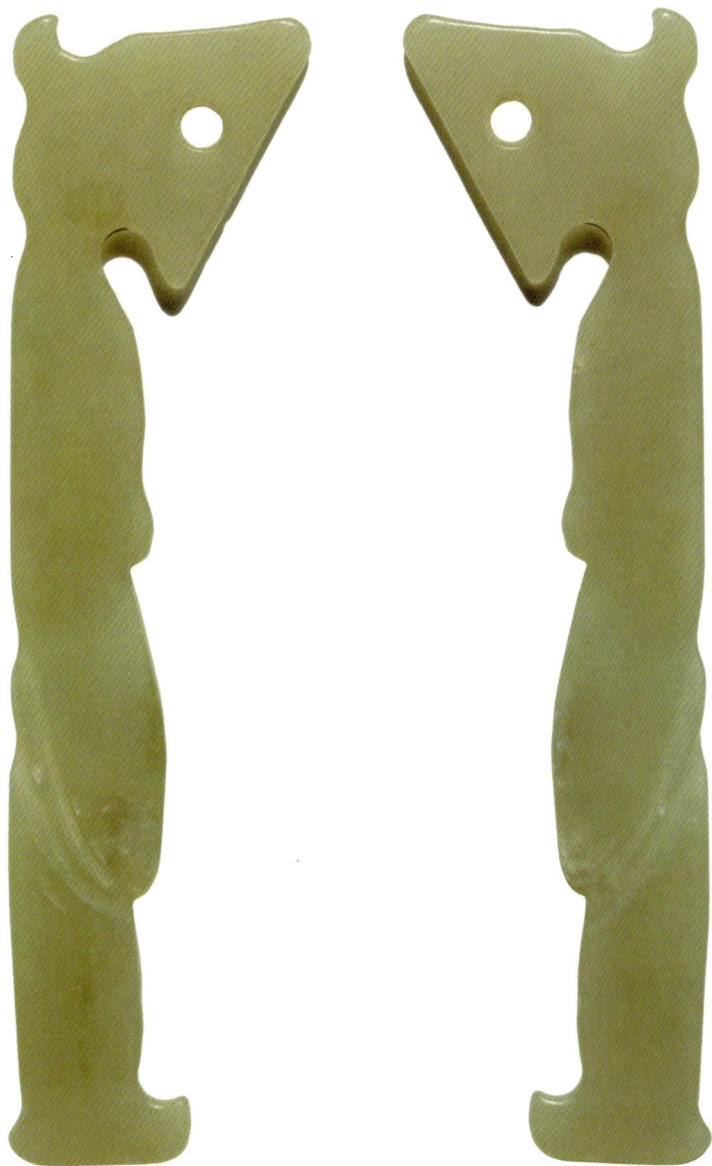

材质：和田玉　重24.05克

高x宽x厚，135 x 35.5x 3.4毫米

五千年前的玉女脚蹬鞋头上翘的靴。发髻向后束着。

这是一位孕妇。

在方国里，孕妇受到特别的尊重，孕妇见到人不用抬手合掌施礼。

玉妇低着头，是腼腆，矜持，还是谦卑。

土塬上的方国人以长下巴为美。

孕妇透亮的眼睛两面都有一圈眼窝。

测量长下巴玉美人的瞳孔大小，可以知道加工玉人瞳孔与方国其它玉器上的孔使用的是同一件钻孔工具。

加工玉女美瞳的钻孔工具，是一粒米大小，5毫米长的高硬度石质小钻头。带动小钻头旋转的支撑杆，硬度不及小钻头，只能是又粗又大。粗大的支撑杆不能随小钻头进入钻出的孔内，小钻头有多长就只能钻进多深。5毫米长的小钻头从3.4毫米厚翠色玉片的一面钻进去，另一面只会露出钻尖。要钻出这个直径5毫米的孔，需要钻头从玉片的另一面正对着的位置再钻一次。两边钻头在孔道里正面相接，才有了这个灵动的眼睛。

石质小钻头在玉器上钻出来的孔近似一个圆锥形，又称漏斗形孔。

两边钻头形成的两个漏斗形，以尾部磨出了玉人眼睛两面的眼窝。

金属钻具的支撑杆与钻头一体化，直径相同。金属钻头在玉器上向前旋进深度远大于几毫米，扩出来的空间是圆柱形。

如果使用直径5毫米的金属钻头在这么薄的玉片上钻孔，直接就钻出了通孔，不可能在厚度仅为3.4毫米的薄玉片两边的孔口处都留下一圈有旋磨痕迹的斜坡。

现代考古出土了大量的商周玉器。

金属工具在商周玉器上留下直筒形状的孔。

金属工具在商周玉器表面刻出图案，磨出凸凹，造型繁复。

这枚用石质工具磨制的玉女，身上有一条轮廓线刻划出孕肚，绿莹莹的天然薄玉片表面不着纹饰。

材质细腻致密的玉女挺过了数千载夏暑冬寒，立着，用会说话的眼睛告诉我们，她和方国里的其它玉器都诞生在商朝以前那个没有金属制玉工具的时代里。

22.抬头禽

材质：石英岩玉　重23.27克

高x宽x厚，43 x 52.5 x 9毫米

漾漾碧水中垂尾昂头的游禽。圈槽刻划出的眼睛望向天空。

玉禽身上有一个通孔，孔口的两面都有石质小钻头尾部旋磨出来的一圈斜坡。

23.玉立的爱鹗

玉鹗有着方国标志性的大圈眼。

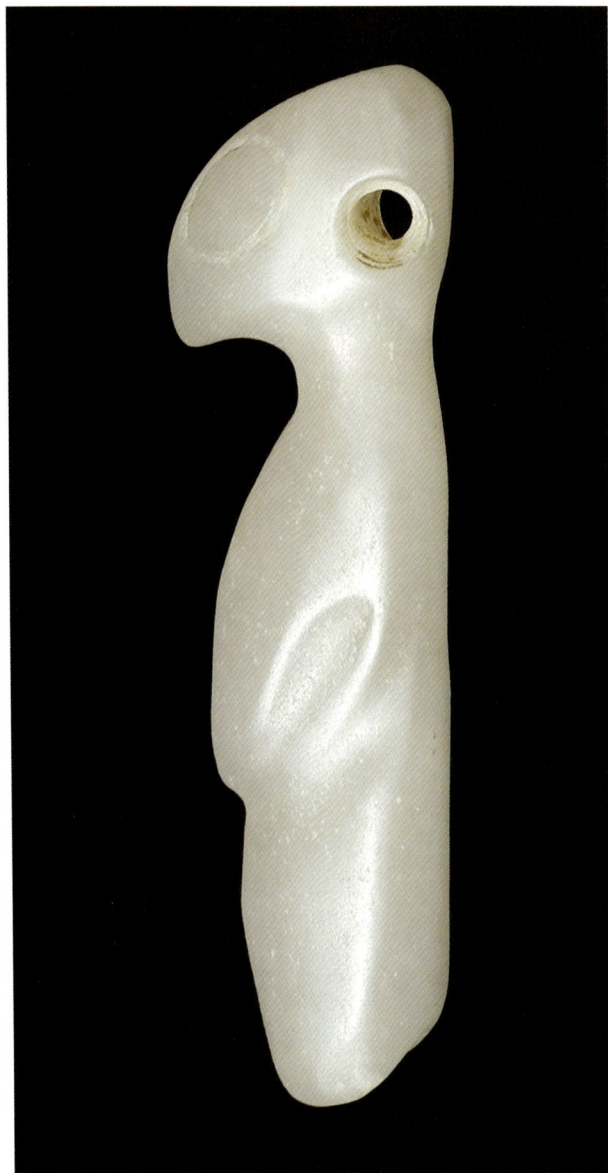

材质：石英岩玉　重20.2克

高x宽x厚，70.5 x 20 x 10毫米

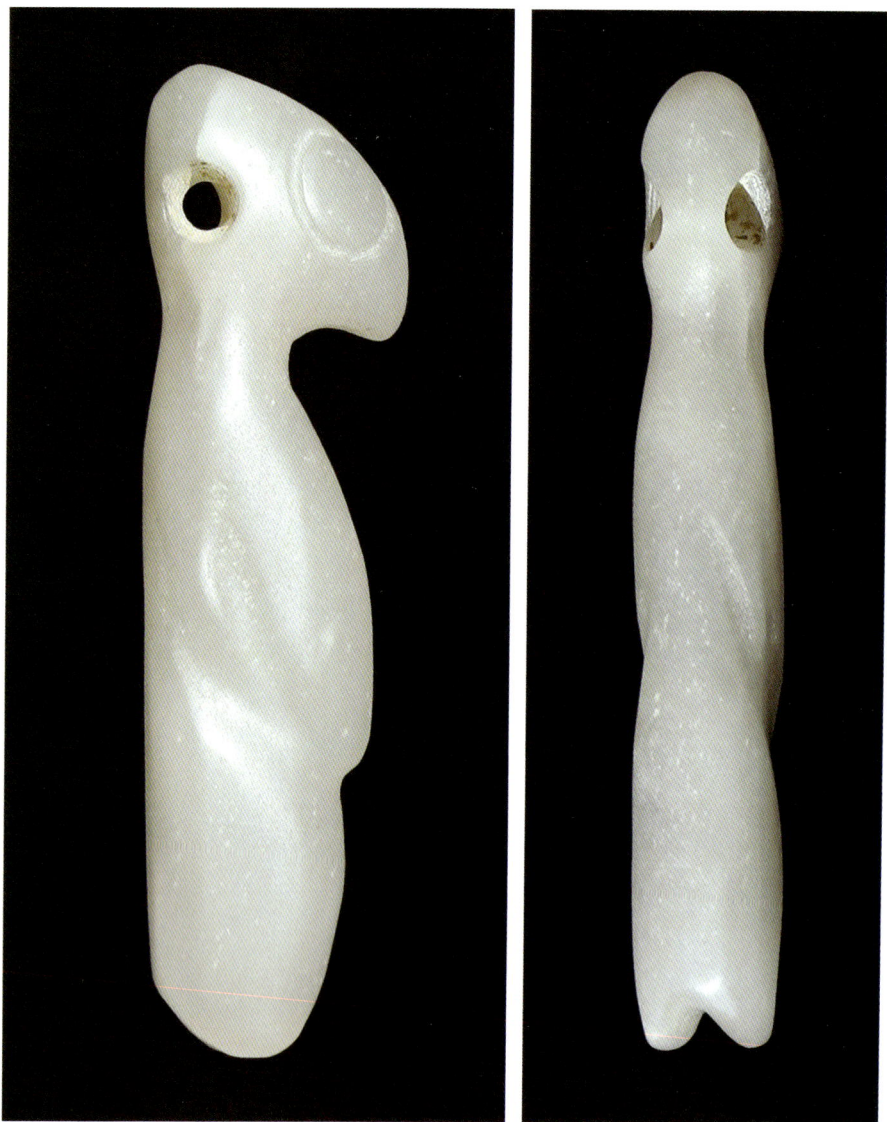

　　白净的石英岩玉材造就亭亭玉立的鸮，用手感极其滑润的美石磨成这拟人的尤物定倾注了浓浓的爱意。

　　这件玉器与方国里其它玉器一样，造型简洁质朴，身体表面没有图案，立鸮的身侧磨出两条槽分别出体与翼，沟槽里能看到燧石旋磨时留下来的斑斑划痕。玉鸮头后面石质钻头对着钻出来两个相连通的孔，孔道里有坡坎，孔壁上留下了旋磨纹。

24.白玉圆筒

材质：石英岩玉　重16.94克

长28毫米，内径5.5毫米，外径20.5毫米

桶形小圆筒质地洁白，通孔的内壁上有旋磨的划纹。

25.籽料小直筒

材质：和田玉　重13.91克

长26.5毫米，内径7.5毫米，外径17毫米

和田玉籽料小玉筒，材质温润，外廓不圆，内壁有旋磨纹。

26.白玉小马驹

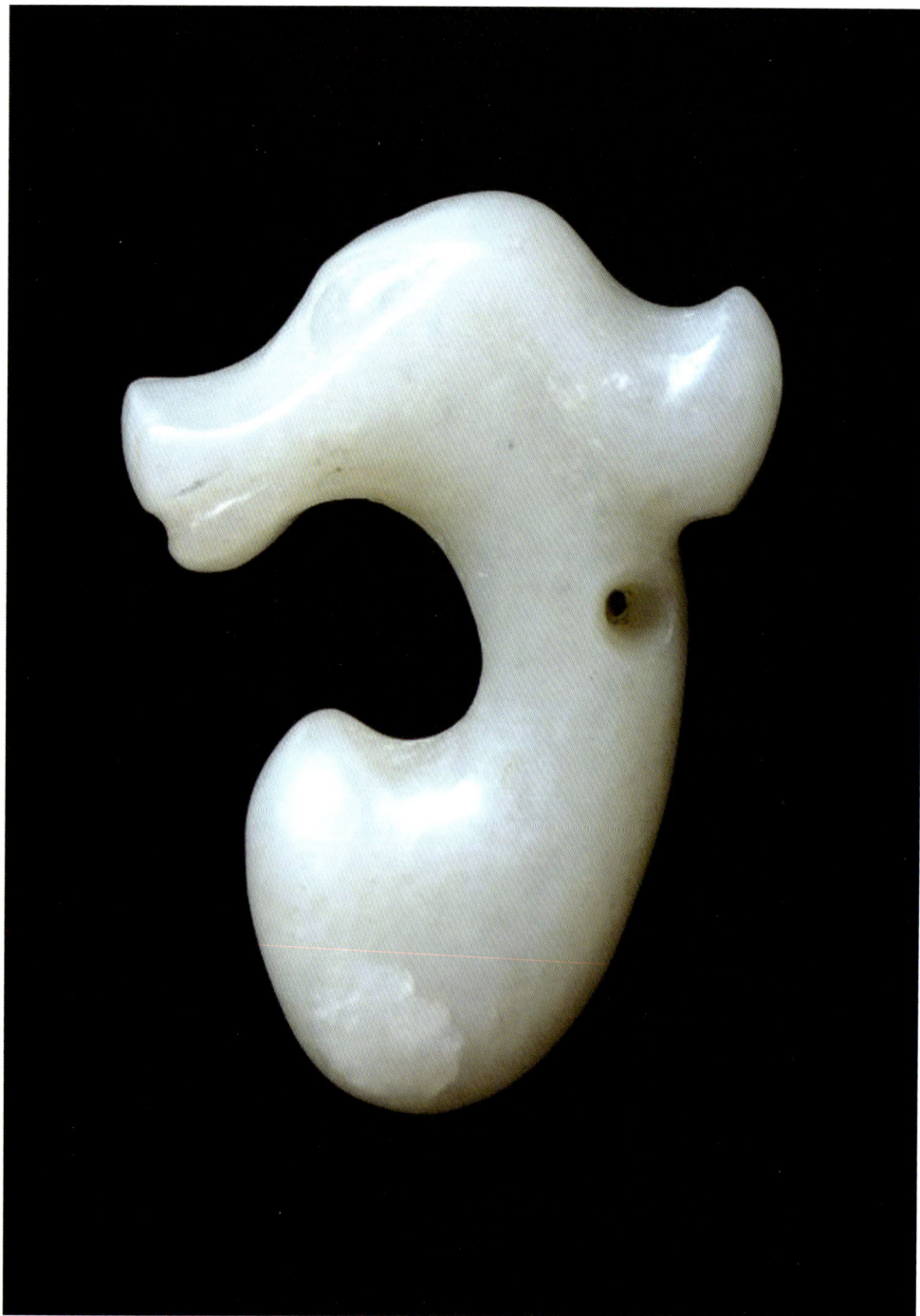

材质：和田玉　重12.34克

高x宽x厚，36.5 x 22.4 x 10.2毫米

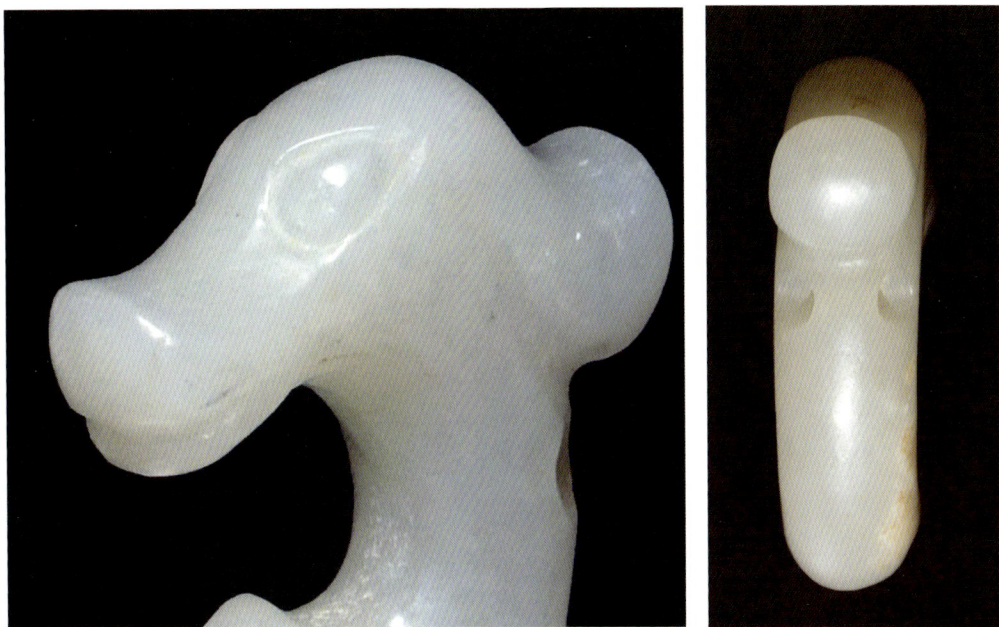

白色和田玉籽料塑造出可爱的小马驹。

小马驹背上的马鬃，与红山文化玉器"C形龙"蜷卷着的纤细躯体上那昂扬的鬃毛如出一辙。两件玉兽向内卷蜷身体的造型，使五千年前隔山隔水距离千里之遥的陕西榆林与内蒙古赤峰有了神奇的联系。

玉马驹的圈槽眼眶里，杏核一样凸出的眼睛闪闪发亮。

玉马驹右侧，数千年里不知被何物涂侵出一块土黄色沁迹，沁迹中被一条状物阻隔的位置未被蚀染。

用方国的石质工具磨制的玉马驹，马鬃下有两个对钻的漏斗形孔，马颈里有燧石旋磨的划痕。

27.白玉禽头

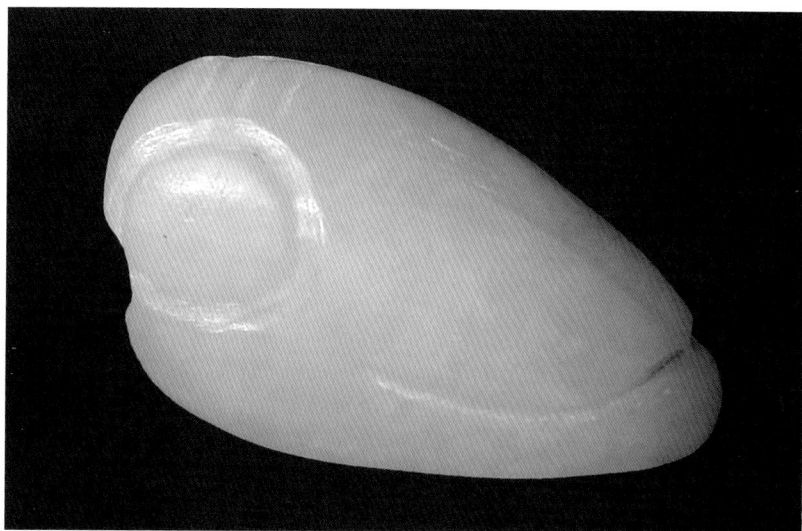

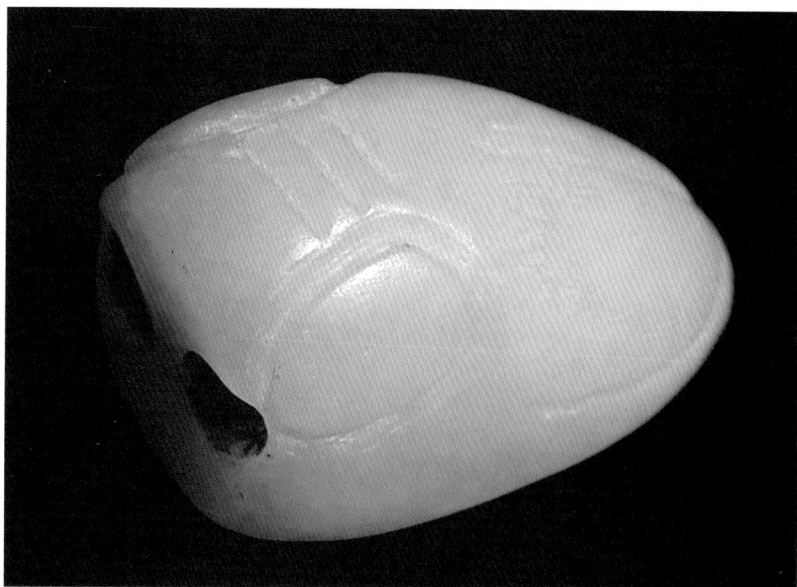

材质：和田玉　重10.67克

高x宽x厚，27.5 x 17x 14毫米

　　五千年前富裕的方国人真有闲情雅兴，将一块比拇指还小的和田玉籽料用心磨制成禽头，在长着一对大圈眼的玉禽头后面钻出两个漏斗形穿绳孔。

28.白色玉鱼

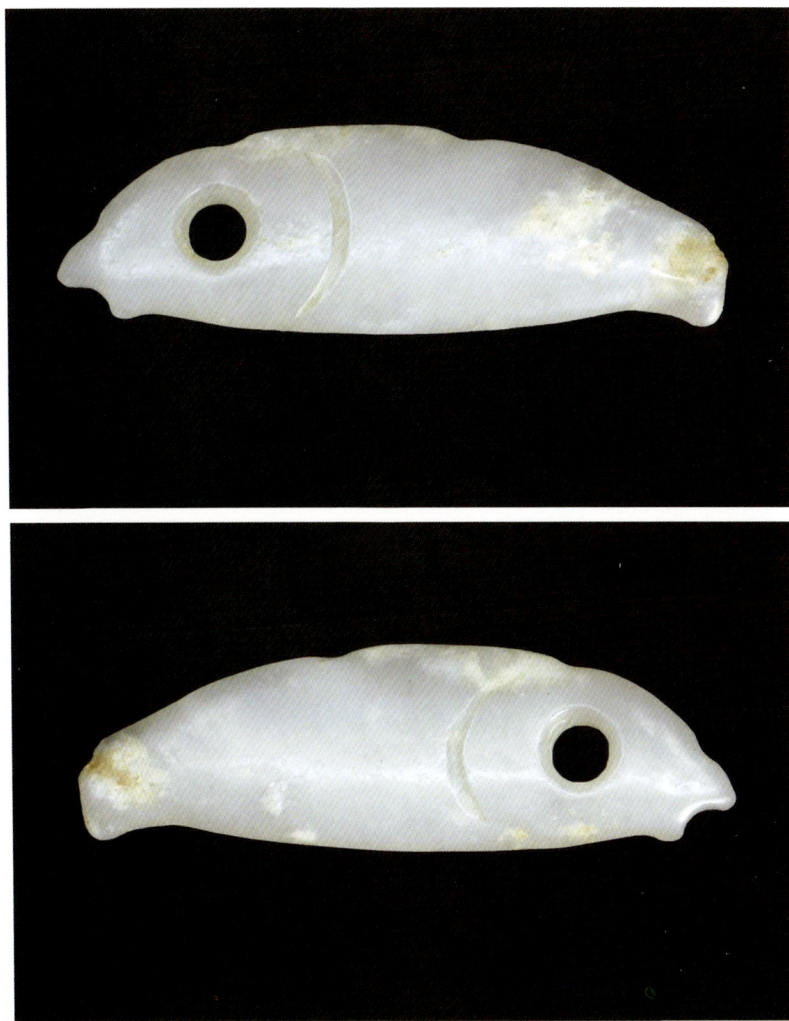

材质：和田玉　重8.88克

高x宽x厚，55 x 17 x 6毫米

薄薄的玉片磨就一条瞪着大眼睛张着嘴的游鱼。

鱼眼两边的眼窝里磨痕一圈圈。

五千载的时光化作玉鱼身上斑斑驳驳的黄色鳞片。

游鱼的从容呈现出彼时岁月的恬静。

29.四个玉人的跪姿

30.高贵程度不同的跪姿

31.两位施礼的立者

男束前髻，腿粗。女束后髻，腿细。

文明的方国里有等级有礼制，尊贵者跪，卑微者立，立者亦施礼。

第二部分

红山文化玉器——赤峰宁城

在这个区域里玉器寓意被认可，玉器造型被仿效，文化具有同一性。

蜷卷身躯的动物成为成为红山文化玉器造型有特色的模式之一。

1.四面刻花长玉琮

材质：和田玉　重91.45克

高x侧宽 70 x 22.8 毫米

  长方体玉琮的两头都磨出一个突出的圆台，当中钻了一个细长的通孔。孔口直径4.8毫米。

  从孔口看进去，可以看到孔的锥度和孔壁上的旋磨纹。

  手指头一般大小的玉石材料上，用石质工具费时费力地在四个面上刻满趋同的纹饰，如人似兽的线条隐喻着五千年前的故事。

  当年这种两头有圆台当中有孔的玉琮，或高或低，或粗或细。有的外壁素面，有的磨出条纹，有的刻有图案。东南的良渚与东北的赤峰相距数千公里，五千年前玉琮相似的造型，蕴含着何种美好的寓意，文化的交流是怎么实现的，玉琮缄守着这个秘密。

2.方形圆边玉琮

材质：和田玉　重87.86克

高x宽，23.5 x 42.5 毫米，孔径10毫米

方形圆角玉琮的两头都有凸出的圆台。玉琮当中的大孔里有钻头从两边对钻留下的圈坎。

五千年前,东南的良渚人善制玉琮,东北的赤峰人亦制此物。孰先孰后还是巧合于吉祥的寓意。

3.筒形人面

材质：和田玉　重79.65克

高x宽x厚，61 x 30.5 x 23.5 毫米

生活在野兽出没的密林旁，灵敏的听觉很重要，红山文化玉人都有一对大耳朵。

筒形玉人的面部，长耳朵，圆眼，有特点的鼻翼，嘴角两边胡须环绕中各有一个孔洞。

这个瞪着圆眼的玉人眉毛上挑，戴着平顶的帽子。玉人背后有两个外大里小的孔，孔壁上有旋磨纹。两个漏斗形状的穿绳孔告诉我们，这件玉器是新石器时代石质工具的作品。

4.红色玉蛙

材质：和田玉　重79.19克

高x宽x厚，56.5 x 41 x 25 毫米

五千年前古人常见蛙。

蛙的凸眼周围满是粗糙石质工具留下的加工划痕。

这一带玉器多为红色，玉料产自何地。

5.绿色半圆人面

材质：和田玉　重76.38克

高x宽x厚，50 x 38 x 25 毫米

　　绿色玉石制作的人面，脑门上系着一圈绳，绳上插着一排羽毛，这是时尚的装扮还是一种身份的表达。

　　石质制玉工具在绿色人面上留下来的加工痕迹比比。

　　金刚石一类硬质石料做的小钻头在玉器上钻孔，外形不规则的钻头旋转起来往前旋进一个钻头的长度，钻出来的空间近似圆锥的形状，像个漏斗。

　　戴羽毛的半圆人面背后，石质小钻头钻出两个相邻的前小后大的漏斗形孔，孔的前端相通用来穿绳。孔壁上有旋磨的痕迹。

　　在山林里生活，听觉关乎安危。头顶戴羽毛的玉人有着长长的大耳朵，耳朵凹槽里留下石质工具旋磨的划痕。

　　细看这个红山文化绿玉人的眉毛，眼睛，嘴巴，羽毛，线条凹处皆有磨痕一道道。

　　石质工具留下来的划痕在说话，头顶羽毛的长耳朵玉人来自距今4400年以前没有金属工具的年代里。

6.红色圆饼形人面

材质：和田玉　重74.62克

外径56毫米，厚17.8 毫米

　　圆饼形玉人脸面上细眉长眼，瞳仁一条缝，夸张的鼻翼。两边嘴角外端的脸颊上各有一个孔洞。

　　远古一位制玉匠人按自己的观察塑造出人面上的鼻翼，成为这个聚落里玉人脸上的共同特征。

7.红色玉禽

材质：和田玉　重71.81克

高x宽x厚，60 x 35 x 22 毫米

红色玉禽头面的塑造与蜷卷的玉虎脸面何其相似，两件玉器是否出自同一聚落。

脑后顶着一排羽毛的是什么鸟，鼓着肚子，长耳朵，大眼睛，三角形的鼻子是这个地区玉器上的常见造型。

穿上绳子后的鸟脸朝下，一副被驯服的姿态，穿绳携带着的玉鸟是被驯服后用于捕猎的猛禽吗。

8.龟壳

材质：和田玉　重64.12克

长x宽x厚，50 x 46 x 21 毫

玉龟壳与"双圆髻玉人面"，穿绳孔的位置和大小都一样。

两个以夹角斜向对接的漏斗形孔，孔壁上留下旋磨纹。

9.双圆髻人面

材质：和田玉　重58.24克

高x宽x厚，48 x 41 x 19 毫米

玉人有着相同的鼻翼造型，头上束着两个圆髻。

玉人嘴边没有胡须也没有孔洞，这是位女子。

双圆髻玉人面与玉龟壳的材质和颜色相同，玉人面上旋磨出来的漏斗形穿绳孔，钻孔方式也一致。

10.蜷卷的虎

　　玉蜷兽的身体后部卷绕两圈，这兽躯体大。

　　五千年前的古人采用卷起躯体的造型方式，用体积有限的小玉材来表现他们见到的大型动物。

　　一位玉器匠人奇思妙想的玉器造型，被周边制玉人效仿。

　　用蜷卷的形态来塑造动物，成为红山文化玉器有特色的器型。

　　玉蜷兽被精塑头部，简约躯体，以小见大。

材质：和田玉　重58.01克

高x宽x厚，55.5 x 42 x 16.3 毫米

　　没有眉毛，耳朵突出在头的两边，这是一张老虎的脸。今天这一带叫老虎沟的地名还有十来个。努鲁儿虎山名不虚传，五千年前此厮常现。

11.卷尾玉猴

材质：和田玉　重56.67克

高x宽x厚，59 x 41.5 x 14.5 毫

　　短钻头后面支撑杆的直径远大于钻头，钻杆不能随着钻头伸进孔内。在玉器上钻出一个通孔需要分别从玉器的两面正对着钻，短钻头从两边相接成就了这个卷尾玉猴当中的大孔。

　　石质钻头在玉器上旋转着向前推进时，扩出的空间近似圆锥形，两个圆锥在孔道内对接处留下了带斜坡的坎。有锥度的孔壁上留下石质钻头旋磨的痕迹。

　　蜷状玉猴的面部长着眉毛，长鼻子，外突的下巴，被毛发掩盖的垂耳。卷翘着的尾部修饰得圆窄，与头部相连。

　　以同样的蜷卷形状，不同的面部刻划来塑造动物，是红山地区玉器有特色的造型文化。

12.蜷形立耳兽

材质：和田玉　重56.22克

高x宽x厚，59 x 41 x 15 毫米

　　蜷状立耳玉兽面如灵狐。凸眼和翘嘴被时光抹上一层酱红色釉光，熠熠生辉。

　　蜷形立耳兽玉材的表面老皱。

　　蜷状立耳玉兽的尾部与头部相连，上翘的尾部修磨得圆滑。

　　石质短钻头从两边对钻，以两个圆锥形相接形成的大孔，孔道两面有斜坡，孔道当中的孔径较小。

　　蜷形立耳玉兽背脊上对着钻了两个孔，孔的前端相连通，孔壁上可以看到石质钻头钻孔时留下的旋磨划痕，划痕的深浅不一，呈现出钻孔时手工操作着力不均衡不稳定的状态。

13.四棱圆琮

材质：和田玉　重55.34克

孔口直径7.5毫米，高37.5毫米，外径31毫米

在两边有圆台凸出的玉琮上磨出一道道的棱，棱与棱之间的每一道凹槽里都留下石质工具旋磨的痕迹。

四棱圆琮与"玉虎符"的玉料材质相同，加工痕迹相同，显然与玉虎符出自同一个聚落。

玉琮两头凸出一圈圆台是这一带玉琮的一个特点。

玉琮孔道内有石质短钻头从两边对接留下的坡坎和旋磨的痕迹。

14.红色玉人面

材质：和田玉　重44.34克

高x宽x厚，64 x 40 x 18毫米

　　红色玉料塑造了一个首领的头面。头戴高耸的冠，头冠的顶端前倾，耳朵上套着长且大的耳饰品。这是当年权威者的标配。

　　首领顶冠上大孔两面的斜坡，是石质短钻头从两边对着钻孔时，两个圆锥尾部磨出来的。

　　赤峰宁城一带的红山文化玉器多见这种红色和田玉料。五千年前玉石料的产地是否就在附近。

15.红色二孔人面

材质：和田玉　重38.37克

高x宽x厚，43 x 52 x 12.8 毫米

　　小石子钻头钻孔，粗大的支撑杆不能随钻头进入孔内，钻头有多长就只能旋进多深。

　　以石质钻头之短，在厚12.8毫米的玉片两边相对着钻，钻不出玉人面上方这两个直径4.5毫米的通孔，需要把玉人面上方的玉材磨至5–6毫米厚，钻头从两面先后正对着钻，两边的钻头在孔内相衔接，才能形成一个可供穿绳的孔洞。

　　人面上方这两个孔的孔内，都有两边钻头以漏斗形前部正面相接形成的坡坎。

　　高硬度小石子钻头长约5毫米左右，钻头再短一点，两边钻头相接处过于窄狭，孔径太小不能穿绳。钻头再长一点，就不用把玉人面的上部费力地磨那么薄了。

16.绿色玉虎符

材质：和田玉　重29.96克

高x宽x厚，75 x 30.5 x 8 毫米

　　仔细看这块玉片的两面，磨出来的条纹高度对称。这是怀着深深的虔诚认真磨制出来的护身符。石质工具滚着转着在薄薄的玉片上旋磨，把玉片两面都对称地磨出一条条横槽，留下一道道密密的划痕。披着斑斓虎纹的百兽之王呼之欲出。

　　玉虎护身符简洁抽象的造型具有浓郁的地域性审美特质，便于佩戴的小玉片外形像一条虫。东北把斑斓猛虎唤作"大虫"，源自五千年前。

17.红色双联璧

材质：和田玉　重27.72克

高x宽x厚，67 x 34.5 x 8.5毫米

双联璧是红山文化区域标志性玉器之一。

从玉片两边先后正对着钻出来两个孔。短钻头旋进一个钻头的长度是圆锥形，圆锥的尾部在两面孔口处旋磨出斜坡。

双联璧中部，两边的肩槽里都留下石质工具磨制的痕迹。

山岭密林间野兽出没，危机四伏，红山文化区域里流行虎符，双联璧，三联璧等护身符。

我们无从得知当年佩戴双联璧时是大头朝上还是小头朝上，造型的寓意何在。

18.外方内圆玉片

重27.49克

高x宽x厚，49 x 56.5 x 7 毫米

外方内圆的玉片上，大孔小孔的孔口两边都有斜坡。这三个通孔是短小的石质钻头分别从玉片两面相对着旋磨出来的。

19.黄绿色大虫护身符

材质：和田玉　重26克

高x宽x厚，72.5 x 30.5 x 7.5 毫米

　　五千多年前，努鲁儿虎山一带野兽出没。红山文化区域里这种外形如大虫的玉虎符较多见，制作的精细程度不一。

　　玉虎符系上绳子后虎头朝下，被降服的林中大王为佩戴者驱灾避祸。

20.绿色长玉管

重23.59克

长59毫米，外径18.5毫米，内径9.5毫米

21.黄绿色短玉管

重19.43克

长52毫米，外径17.5毫米，内径8.5毫米

把坚硬美丽的玉料磨成管，费工费力掏空管芯，把两头都磨成斜口。这是口哨吗。

22.三个玉虎符

用石器精心磨制出虎斑条纹，尾部钻孔，头朝下的恭顺。

位于野兽出没地的红山文化区域里常见这种护身符，头顶一脊鬃，一对立耳，一双圆眼，眼上有眉，此厮萌猛的威风中透着可爱。

从哈民遗骸旁发现的玉器可以得知，红山人佩玉不局限于个别权威者。今天散落在民间的大大小小的红山玉器，也证明当年那一带崇玉制玉的普遍性。

玉器是文化的载体，传递出当年的文化，没有文字时代的历史就这样被当年的实物一点一滴的还原着。

23.三个鼻形相同的玉人

　　根植于地域环境的习俗延续成文化，文化决定了各地特有的不同美感取向，时尚风气。

　　有着相同鼻翼的玉人来自同一个族群。

　　圆饼形人面与当中的筒形人面，嘴两边被胡须掩盖着的脸颊上各有一个孔洞。

　　当中的筒形人面与束着两个圆髻的玉女有着相同的大圆眼睛。双圆髻玉人没有胡须，嘴边没有孔洞。

　　五千年前，这个族群的男子在嘴两边的脸颊上各饰出一个孔洞。

　　这个族群的女子束双圆髻，脸颊上无孔洞。

　　相同的红色玉料，相同的塑型模式，三个远古玉人来自同一族群。

第三部分

红山文化玉器——其他地域

数千年间，红山文化在较大区域里存在着文化的融合与制玉模式的传承，这有别于其他地区。

1.勾云形玉璧

　　林中草木皆由根生，山林旁的红山古人制作的勾云形玉璧，底部多呈根状，中间是团云状纹饰，上部有的是花苞，有的是凤鸟头，有的是龙蛇首，透着天地间一派繁茂。这个区域里多见的勾云形玉璧，大小和纹饰不一，钻磨工艺成就了镂空边缘上的斜坡，表面磨出的沟槽勾勒出图案，玉璧外边缘被打磨成斜面。一个巧匠的奇思被周边制玉人效仿。

　　有的玉璧上部有个小穿绳孔，有的玉璧背后钻有成对的漏斗形穿绳孔。璧指片状的玉器，不论轮廓的方圆。

　　大薄片形状的勾云形玉璧是祈福的挂匾。小片勾云形玉璧为佩件。

材质：和田玉　重565.95克

高x宽x厚，140 x 300 x 8.5毫米

　　玉器上两面都有斜坡的小孔，是石质短钻头从厚8.5毫米的玉片两边正对着钻孔时，圆锥形的尾部磨出来的。

2.玉喾器

材质：岫玉　重338.48克

长高x短高x小口宽径x小口窄径，136 x 83 x 76 x 67毫米

玉䚦器口沿处厚2-3毫米。玉器厚度远小于石质短钻头的长度，石质短钻头才能由外向里，从单面钻出一个直径3.5毫米的小孔。旋转起来有锥度的钻头以圆锥的尾部在孔口磨出斜坡。

两个穿绳孔的孔里孔外遗留着五千年前绳索的痕迹。

　　将一大块岫玉掏空成罟器费时费力，这是多高地位的人需要使用的多么重要的器物，才值得使用玉石作为材料，磨制成如此薄壁的插徽饰品的罟器。

　　玉罟器上端的孔口不是正圆形，底部是外撇的喇叭形斜口。将玉罟器喇叭口朝下放置在平面上，倾斜角度约40度。喇叭口的短边和长边到顶部口沿的高度相差53毫米。玉罟器上部近似椭圆形的口沿壁厚2-3毫米，从口沿向里逐渐增厚，内壁被打磨成平滑的弧面。玉罟器上端两个穿绳的小孔，位置略偏向玉罟器的长边，穿绳后正好系在脖下。玉罟器下部喇叭形斜敞口，长边在后短边在前，能够与头顶弧形紧密贴合，以绳系牢后，被舒适稳妥地固定在头顶偏后的位置。佩戴者坐在地上，昂扬着头，玉罟器上口朝天，插在玉罟器里面的翎羽类徽冠顶端前倾，随着盼顾摇曳。

　　头顶玉罟器，玉罟器里插着高耸的专属饰物，是红山文化区域里权威者的徽志。

3.圈冠玉坐人

材质：和田玉　重300.74克

高x宽x厚，126 x 56 x 38毫米

权威者以贴近大地的坐姿示人，显示至尊的地位。

坐着的圈冠全身玉人，凸眼，长下巴，三角形耳饰。

头顶高高的徽冠，冠顶前倾，翎羽摇曳。

玉坐人后背线条平滑起伏，这是一件为塑造至尊者认真打磨出来的作品。

玉坐人脖后有两个漏斗形孔，孔的前端相连通。

4.三角形高冠玉坐人

材质：和田玉　重263.6克

高x宽x厚，130 x 46.5 x 31毫米

玉坐人表壳老皱。左足露出玉的本色。

为了塑造手臂，玉人腰部有两个孔，腰部孔不用来穿绳。

另外在颈后钻出两个前端相接通的漏斗形孔，穿绳后让玉人保持有尊严的姿态。

　　这个聚落的尊者，三角形头冠造型别具特色。与其他坐在地上的权威者相同的是，头冠高耸，冠顶前倾，手抚膝，吻部凸出。

　　全身玉人诞生于不同的年代，来自不同的聚落，皆头戴高冠，以相同的坐姿展示至尊地位。

　　相同的地理环境，相同的文化，相同的社会形态，使权威者们外在表达形式一致。

5.高排冠玉蹲人

材质：和田玉　重150.90克

高x宽x厚，95 x 33 x 31.5毫

以不站立的姿态来表示地位之尊。

蹲或坐，是因于年代，还是因于居住地的习俗。

承袭文化磨就的玉人，同样的三角形耳饰，如烈焰的眼睛，外突的吻部，顶端前倾的高冠，脖颈后面两个前端相通的穿绳孔。

6. 丫形冠玉坐人

材质：和田玉　重140.18克

高x宽x厚，83.5 x 43 x 28毫米

　　地位就是贴近地面之位，直接坐在地上是至尊者示人权威的姿态。并脚分腿，手抚膝，眼睛如火焰般上挑，吻部外突，头顶高耸的丫形冠，冠顶前倾。

　　耳朵上套着尖顶朝上的三角形耳饰。

　　玉人颈项后面有两个漏斗形穿绳孔。

7.红色玉坐人

材质：和田玉　重69.64克

高x宽x厚，80 x 30.5x 23毫米

　　黑龙江饶河小南山出土了距今约九千年的玉器，东北这一大片区域里崇玉历史久远。

　　数千年的文化交流与融合在玉人身上充分表现。至尊的坐姿，高耸的徽冠，前倾的冠顶，如火焰的长眼，三角形的大耳，在脖子后面用石质工具钻出的一对穿绳孔，红山文化区域里坐玉人造型的一致性体现出文化的一脉相承。

8.龙凤双联器

重114.67克

高x宽x厚，69 x 86 x 16.5毫米

双联器里的玉兽是典型的红山文化玉器动物蜷卷状造型。

玉鸟头后方扬起的翎羽造型，与红山文化"C型龙"背上昂扬的鬃毛造型相仿。玉鸟头部与现代非洲蛇鹫近似。

玉兽头顶当中立着一道鬃毛，两边的耳朵与脸颊旁的鬃毛连成一片延至噘起的嘴，这是当年的什么兽，演变成后世的龙。

生活在山峦密林旁的红山古人，对飞禽走兽有着纯真质朴的亲近。将美丽的飞禽与萌态的走兽塑造成一体，这是来自五千年前的龙凤呈祥。

蜷着的玉兽背上是石质工具钻出来的漏斗形穿绳孔，孔壁上有旋磨的圈痕。

萌兽上翘的尾部粗大圆滑，颚下留下旋磨的划迹。

历经数千载的寒暑，玉器材质被蚀损得用普通仪器看不清楚了。

9.曲颈鹅

材质：石英岩玉　重97.42克

高x宽x厚，58 x 72.5 x 17.5毫米

同一个地区的玉器具有相同的造型模式。

这一带玉器上常见凸着的圆眼睛。

曲颈鹅玉器的槽沟里留下石质工具旋磨的划痕。

10.有孔玉斧

材质：和田玉　重93.59克

高x宽x厚，80 x 41 x 15毫米

　　玉斧上有一个用石质工具相对着旋磨出来的通孔，两面孔口沿的斜坡上留下粗犷的磨痕。

　　石器时代生活中离不开石斧，用稀缺的玉料制成玉斧突显高贵。

　　大斧为钺。这也可称为玉钺。

11. 丫形冠青白玉坐人

材质：和田玉　重93.56克

高x宽x厚，79 x 35.4 x 24毫米

　　五千年前的东北一带，人分等级，不同的身份有不同的姿态和装扮。至尊的权威者以坐姿示人，佩戴专有的饰品，长相亦被认为异于常人。

　　用晶莹的和田玉料制作的高冠坐人，分腿并脚，双手扶膝，腰背挺直，眼睛外突，双目威武如火焰，鼻吻部翘出，三角形耳饰，头顶权威者的高冠，翎羽徽冠的顶端前招。

　　聚落里威风凛凛的权威者的模样，被高冠玉坐人充分展露。

　　高冠坐者玉器上处处留下石质工具的加工痕迹。

　　坐者背后有石质小钻头钻出来的两个漏斗形状的孔，两个孔的前端相连通用于穿绳，孔壁上有旋磨纹。

　　高冠坐者玉器的槽沟里有一道道石质工具旋磨留下的划痕。

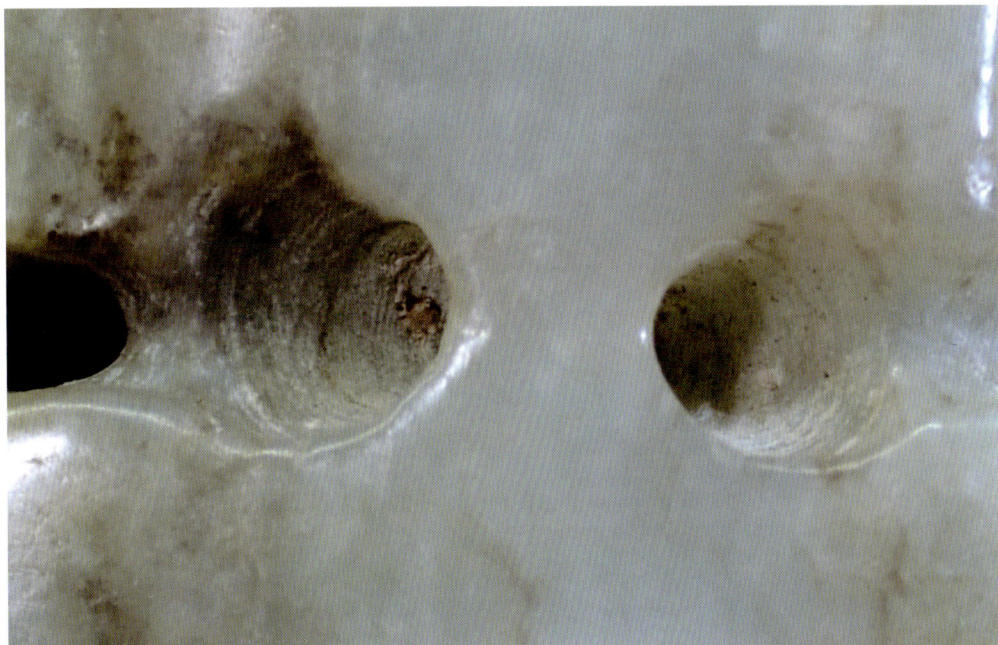

12.深绿色噘嘴蜷兽

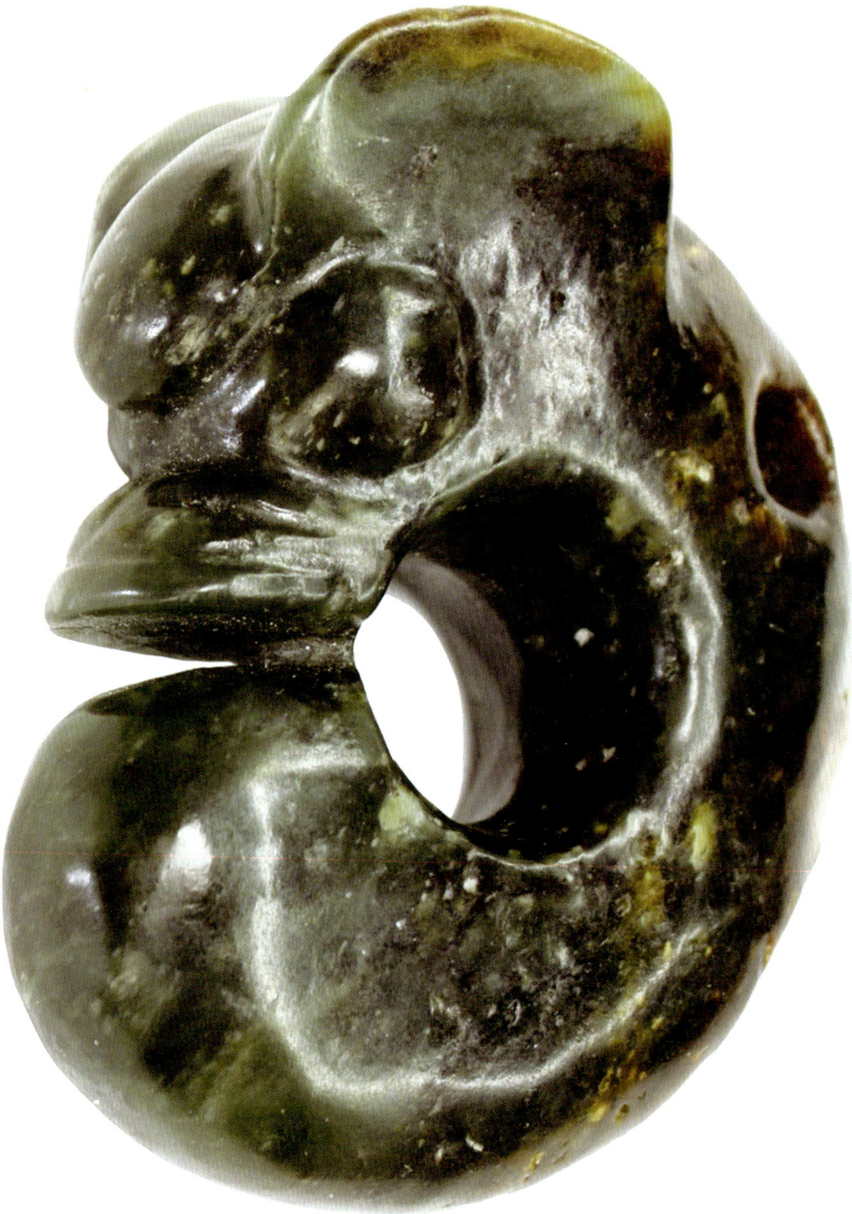

材质：和田玉　重82.42克

高x宽x厚，57 x 46 x 23毫米

立耳玉蜷兽当中大孔里的斜坡，是旋转起来有锥度的石质短钻头从两边对钻，两个圆锥前部在孔道里对接时留下的。

玉兽背后有两个前端相通的漏斗形孔。玉兽翘起的嘴上一道道横皱里有旋磨的划痕。

13.棕绿色高耳蜷兽

材质：和田玉　重79.14克

高x宽x厚，58 x 44 x 17毫米

立耳玉蜷兽，宽厚的尾骶与头部没有完全断开。

玉蜷兽面部的槽沟里，石质工具旋磨时留下了一道道划痕。

石质短钻具从两边对钻，磨出玉蜷兽当中的大孔。石质短钻具受阻于粗大的支撑杆，不能一直向前推进，两边钻头磨出的两个圆锥前部在孔道衔接处留下一圈对接的痕迹。

14.黄绿色狮头蜷兽

材质：和田玉　重72.93克

高x宽x厚，51.5 x 43.5 x 20.5毫米

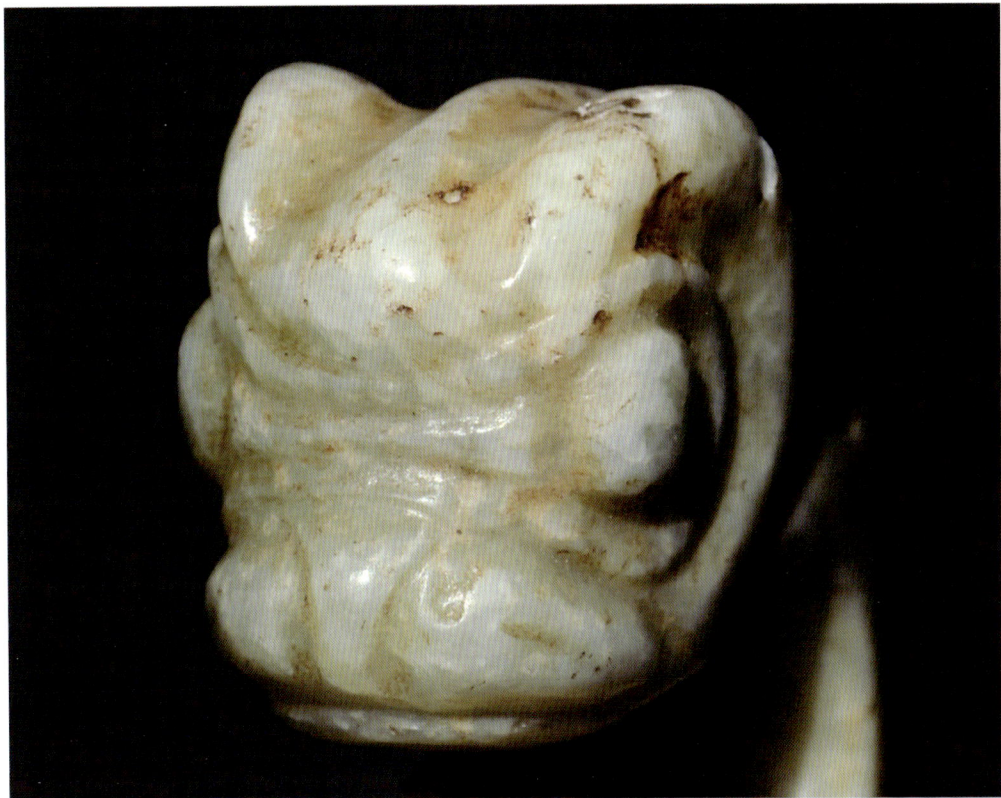

　　玉蜷兽当中的那个大孔是石质短钻具从两边相对着磨出来的。石质钻具旋进的轨迹近似圆锥，两个圆锥前端在孔道内相接处留下一圈没有被磨到的坎。

　　玉蜷兽眼睛圆凸，宽宽的鼻部突起，嘴阔，头顶正中立起的鬃毛如一道棱，两旁耳廓与凛凛的长鬃毛联成一片从头顶延连到鼻嘴，玉蜷兽的头面与现代非洲公狮相似。

　　五千年前生活在红山文化区域山林里的狮兽，被当年的玉器固化了模样留存下来，历史被玉器再现。

15.高耳橘皮蜷兽

材质：和田玉　重69.41克

高x宽x厚，65 x 46 x 16.2毫米

五千载的寒来暑往，蜷状玉兽的表面玉质蚀如桔皮，耳廓边缘处较光滑。

蜷状玉兽，嘴噘，耳耸，长着与红山区域里的玉兽一样的圆形凸眼，修圆的尾尖内敛与头部相连。简练流畅的线条塑出一个生动的林间兽。

高耳玉兽当中的大孔内，有着从两边对钻时，钻头前部以锥度对接的痕迹。背上的穿绳孔是外大里小的漏斗形状。

16.深绿色狮头蜷兽

材质：和田玉　重64.06克

高x宽x厚，49 x 38 x 23毫米

绿色狮头玉蜷兽当中的那个大孔，是用石质短钻具从两边先后正对着磨制出来的。两边有锥度的钻头在孔道里相衔接，留下一圈较小的孔径。

绿色狮头玉蜷兽背上的穿绳孔外大里小，孔壁上有旋磨的痕迹。

五千年以前红山区域里的古人，磨制出经常看到的，出没于山林间的狮面兽。

古往今来，被会造工具会造武器的人类灭绝的动物不胜枚举。

密林里的狮面兽灭绝于何年。一千年前琢刻石狮的匠人是否还见过红山人眼里的狮面兽。

17.菱形人面

材质：和田玉　重59.69克

高x宽x厚，58 x 70 x 12.5毫米

菱形玉人面上，三角形的鼻子，眼睛瞳仁如窄缝，脑门上箍着一圈绳。

当年塑造玉人嘴唇下面的弧形时，右边的一段线条用燧石棒旋磨，左边用石器沿槽沟铲刮。鼻嘴之间的槽沟线条都是用铲刮的方式加工。

玉人面背后有两个漏斗形状的穿绳孔，孔口处有一段是石器竖直刮擦的痕迹，里面的深孔里是旋磨的圈纹。

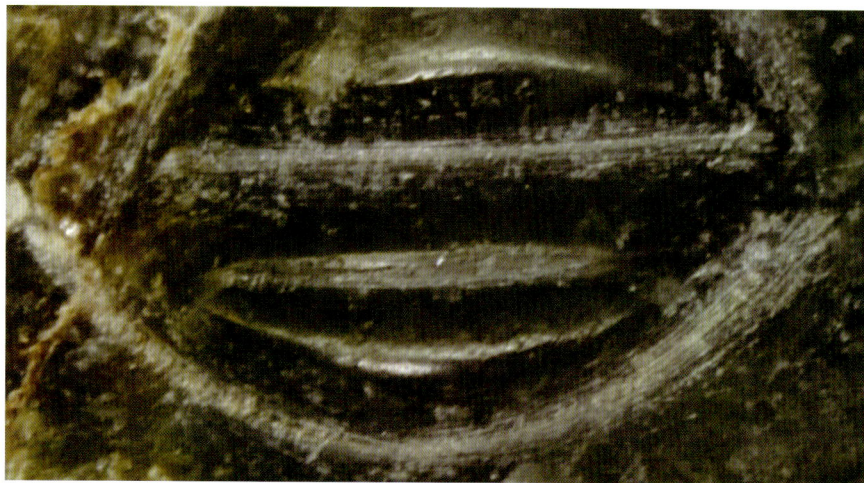

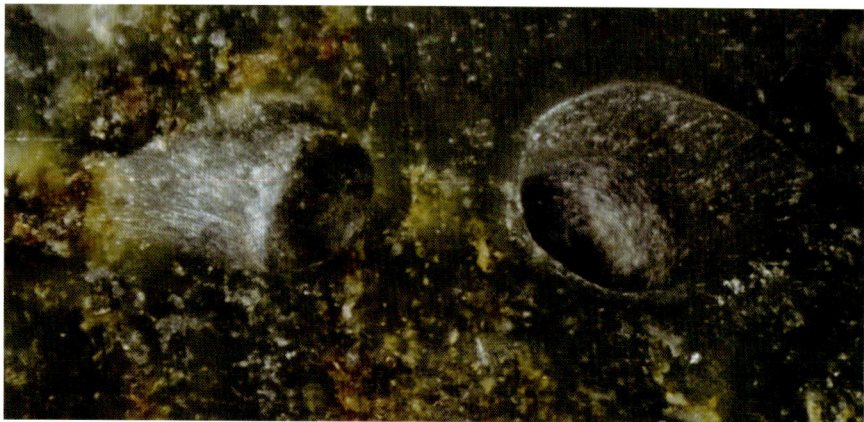

玉器上孔的加工痕迹显示，制玉人用石器竖直刮铲，扩大了玉器上的孔口，短钻头后面较粗的支撑杆能够部分伸进孔里，增加了钻孔的深度，使两个漏斗形孔的前端能够相连通，形成穿绳的孔道。

加工痕迹展示出石质钻头的短，钻头后面支撑杆的粗。

18.绿色玉蛙

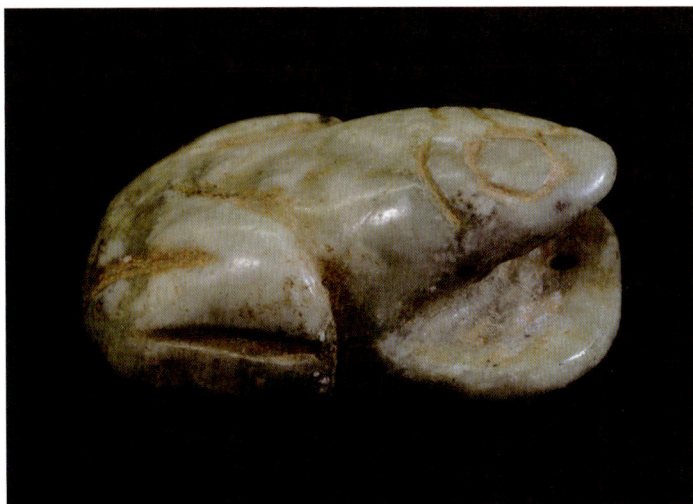

材质：和田玉　重59克

长x宽x厚，53 x 36 x 20毫米

石质短钻头后面有粗大的支撑杆，钻头有多长就只能钻多深。

蛙匍匐其上的玉板厚5.5毫米，石质短钻头才能从单面钻出这个直径2毫米，里小外大的通孔。

绿色玉蛙颈下凹处有石器工具旋磨的痕迹。

19.大头玉鱼

材质：和田玉　重54.01克

长x高x厚，91 x 34.5 x 12.5毫米

五千年以前，东北密林旁河水里的游鱼。造型简练生动。

玉鱼脊上钻孔处厚5毫米，孔径3毫米。孔的两面都有斜坡，这是石质小钻头从玉鱼两边对钻出来的孔。

20.长尾凤鸟

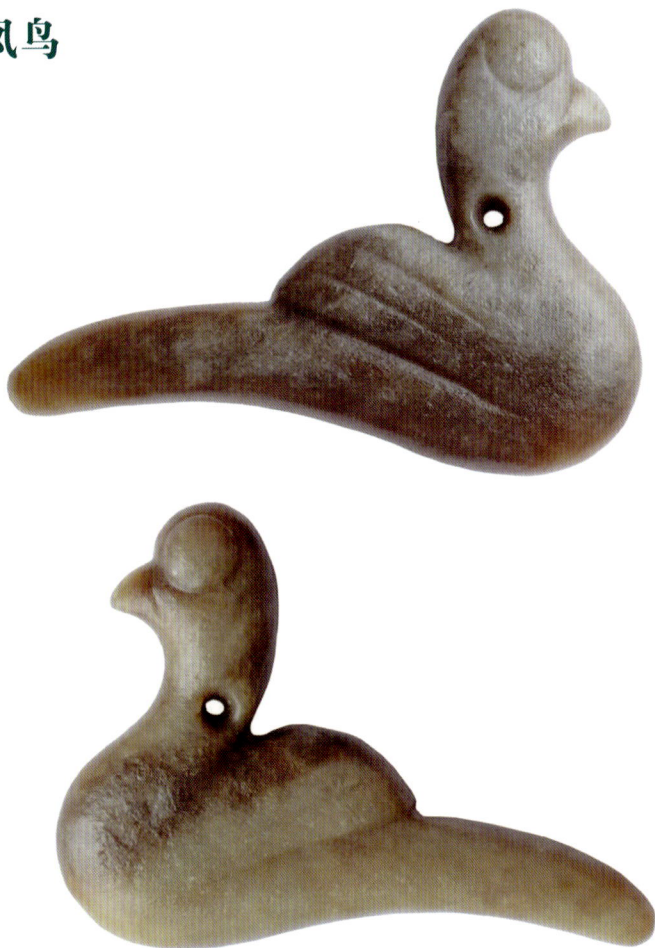

材质：和田玉   重47.44克

长x高x厚，72.5 x 55 x 13毫米

红山文化区域墓葬里古人头顶处有过造型类似的玉鸟。

玉鸟钻孔处厚8毫米，孔径3毫米。两个漏斗形相接形成的通孔，孔的两面都有斜坡。

将玉鸟置于头顶，穿上绳子系于脖下，凤鸟长尾的弧度与头顶紧密贴合，五千年前，何人以玉凤为冠。

21.高鼻玉人面

材质：和田玉　重45.94克

长x宽x厚，40 x 40 x 25毫米

　　玉人面背后有石质钻头斜对着钻出来的两个漏斗形穿绳孔，孔壁上有旋磨产生的旋到底的圈纹。

　　玉人头顶两边的发髻表明这是一名女子。

　　五千多年前的红山文化区域北部与今天的俄罗斯接壤。高鼻玉人两眼圆睁，腮部丰满，鼻子高挺。

22.白色玉蛙

材质：和田玉　重40.21克

长x宽x厚，42 x 28.5 x 20.5毫米

玉蛙头的下方与薄玉板之间有旋磨的划痕。

为了能用石质短钻头直接钻出一个穿绳孔，玉蛙都趴在薄的玉板上。制玉钻孔工具使玉蛙的塑型趋于一致。各聚落的匠人只能在蛙的头部各自展艺。

23.白色玉蜷兽

材质：岫玉 重39.81克

高x宽x厚，43 x 41 x 18毫米

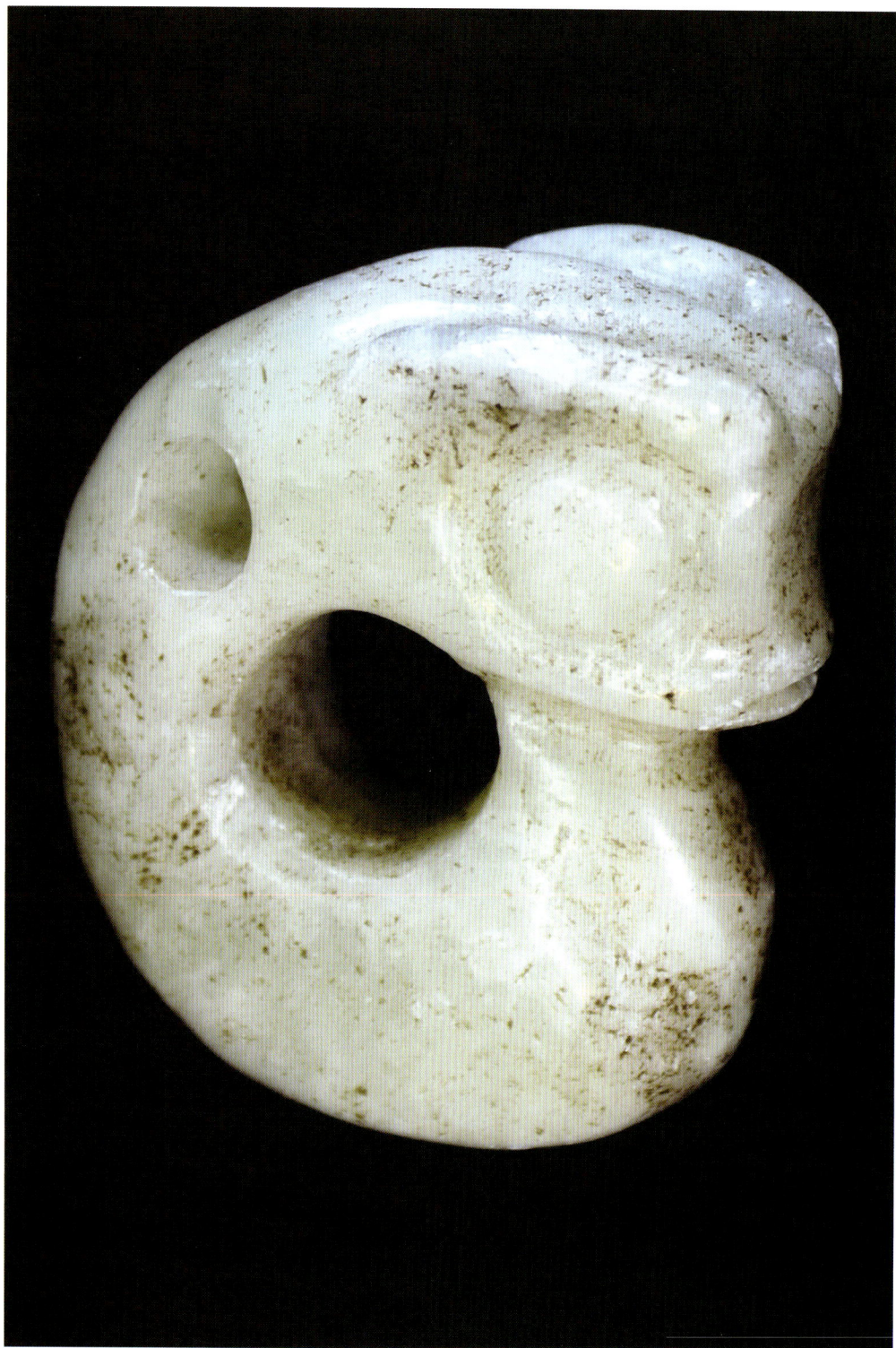

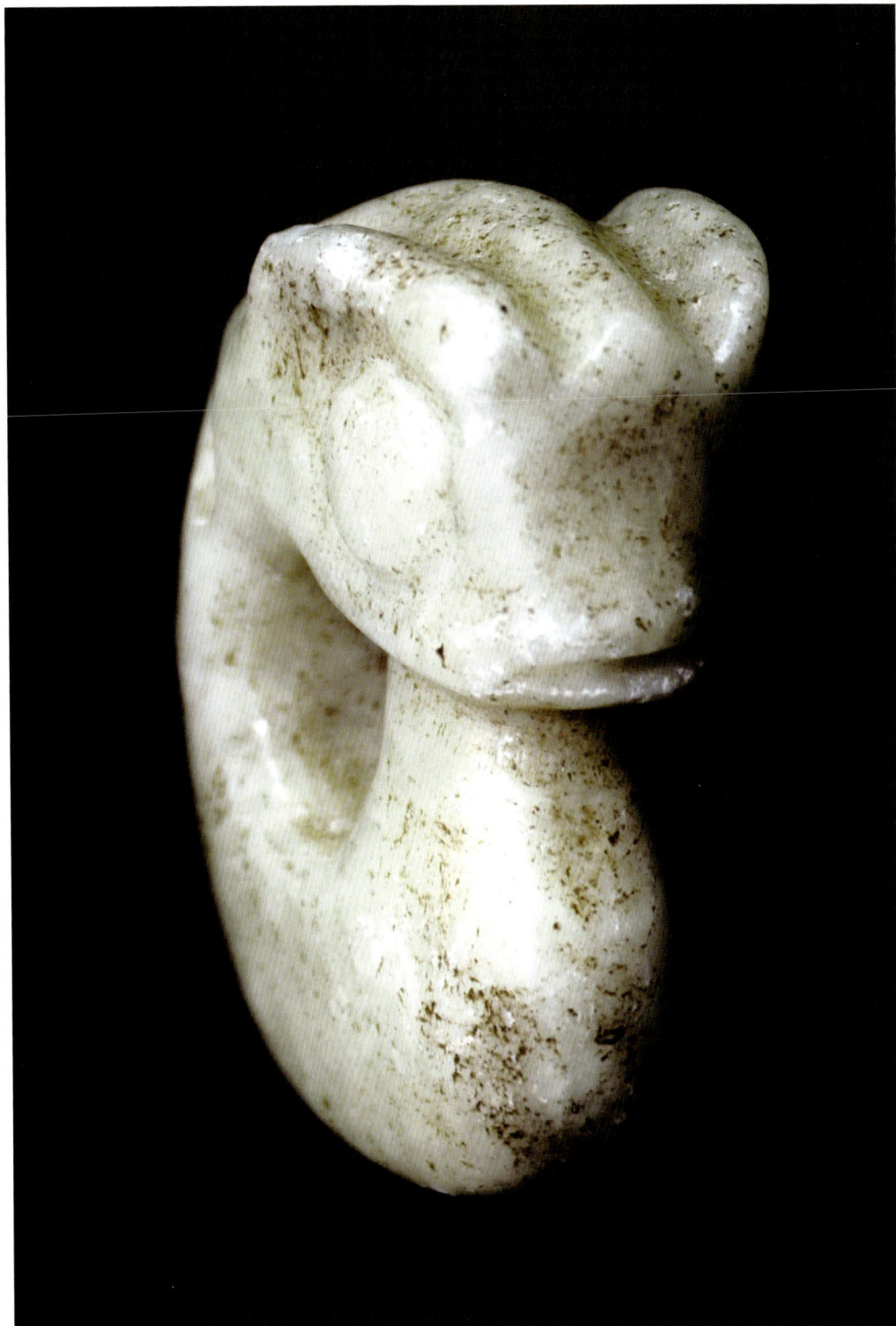

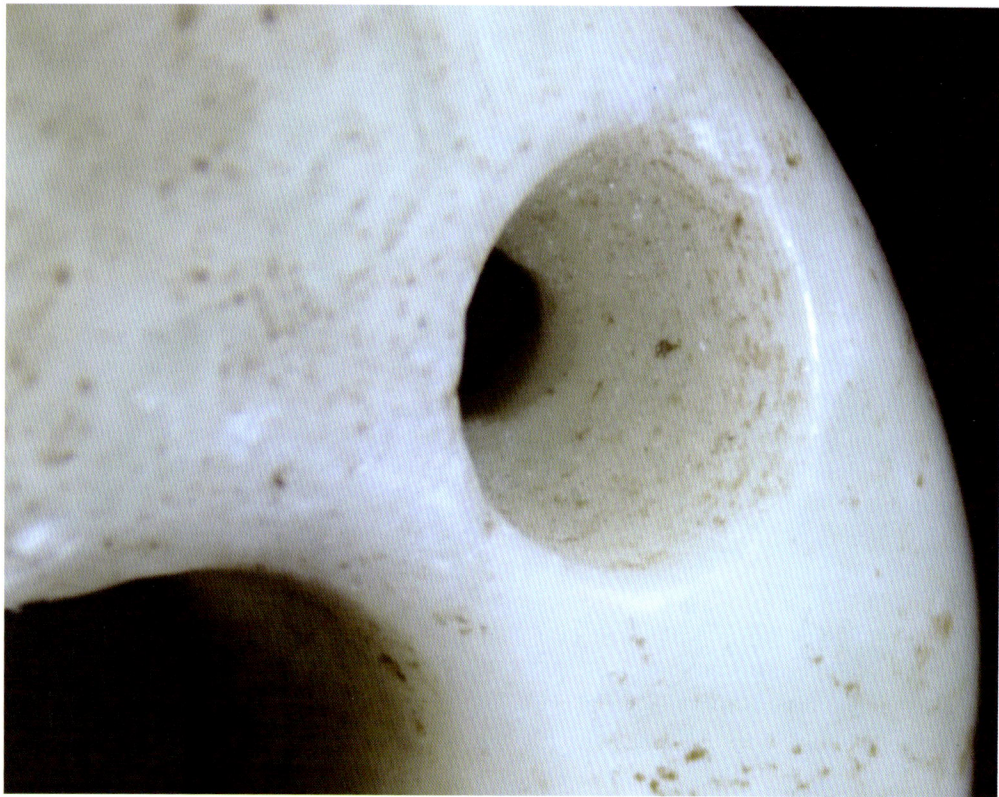

　　白玉蜷兽与"狮头蜷兽"的头面部造型相同的是头顶中间都有一道立起的鬃毛，立耳与头两旁的鬃毛连成一片。不同的是白玉蜷兽的面部和鼻嘴的造型简朴。

　　同是蜷卷的玉兽，面部造型简繁不同，这是源于年代的远近，还是源于聚落里制玉匠人的眼光和工艺习惯，无从得知。

　　白玉蜷兽的尾部修圆磨窄后没有与头部分开。

　　白玉蜷兽的背脊上从两边对着钻出来的穿绳孔，孔壁上有旋磨的痕迹。这个孔呈现出石质钻头留在远古玉器上的典型模样，两个漏斗形状对接形成通孔。

24.三联璧

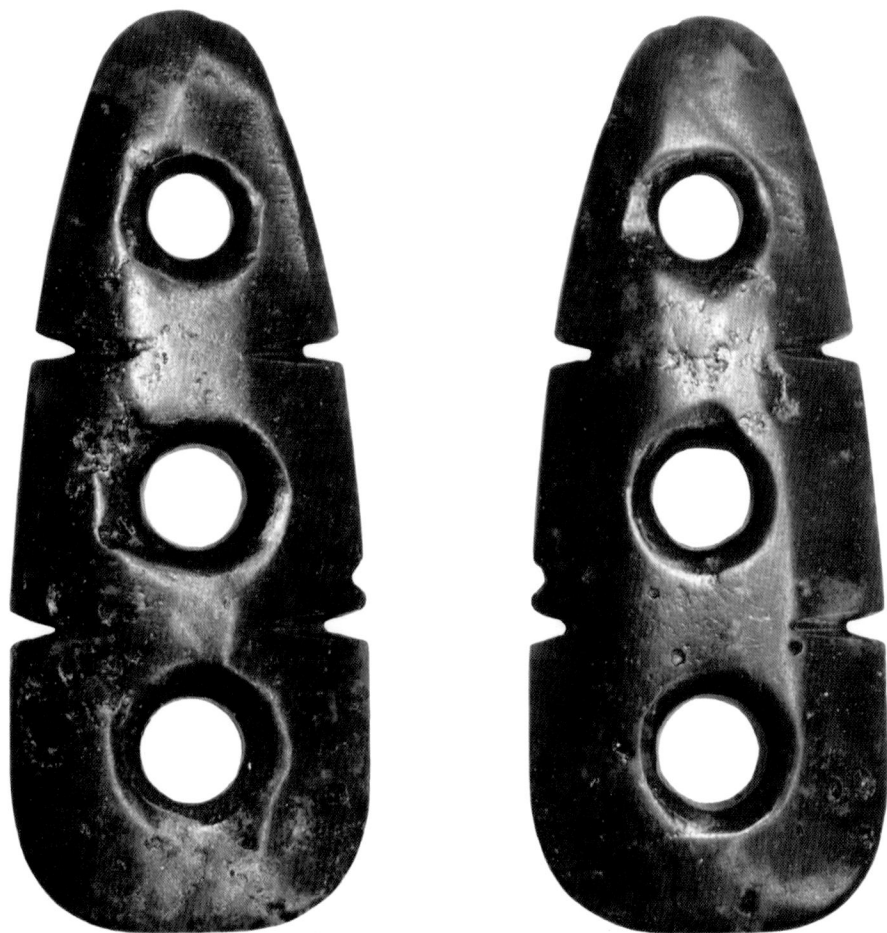

材质：和田玉　重37.26克

高x宽x厚，87 x 35 x 9毫米

　　三联璧上的三个孔都是石质短钻头从玉片两面先后相对着钻出来的。钻头尾部把孔口两面都磨出斜坡。

25.青绿色玉人面

材质：和田玉　重36.19克

高x宽x厚，49 x 48 x 10毫米

　　玉人面上长着红山古人在意的大眼大耳，生活在密林旁，耳聪目明生死攸关。

　　玉人面背后偏上的位置，有两个漏斗形孔，孔壁上有一圈圈旋磨纹，两个孔前端相连通，这是一对穿绳孔的常见模式。

　　玉人没有佩戴发冠，穿绳后随身携带着的是老者还是幼童。

　　玉人不具备坐地示人的地位，不能佩戴高冠，不能被塑造全身，只能露脸。

26.白色双联璧

材质：和田玉　重22.73克

高x宽x厚，64 x 39.5 x 7毫米

　　石质短钻头后面的支撑杆过于粗大不能随钻头向孔内推进。在厚7毫米的玉片上钻一个通孔，需要从玉片的两边先后正对着钻。短钻头两两对钻，分四次才能钻出这两个大孔，制作出一个双联璧。每个孔的口沿都有石质短钻头尾部旋磨出来的一圈斜坡。

　　若使用圆杆形状的金属钻头在7毫米厚的玉片上钻孔，直接就钻通了，哪会在两面孔口都留下一圈斜坡。

27.青白色双联璧

材质：和田玉　重20.51克

高x宽x厚，58 x 37.5 x 6.8毫米

大孔直径7.2毫米，小孔直径5.5毫米

红山文化区域里常见作为护身符佩戴的8形双联璧。

石质短钻头在双联璧两个通孔的两面孔口处都留下一圈斜坡。

双联璧侧边的凹槽处，有石质工具旋磨的痕迹。

双联璧大孔在上时，抽象的外形酷似聚落里的权威者"14. 红色玉人面"那高耸的圆冠，尖长的下巴。

28.残翅玉鹰

材质：和田玉　重19.33克

高x宽x厚，35 x 32 x 13.2毫米

红山文化源自山野密林，生活在大自然中的古人见到什么就塑造什么。

丛林里常见的鹰禽被磨制成玉器，展露外形，不着纹饰。

这只浅绿色玉鹰有一对凸出的圆眼。

玉鹰背后是石质小钻头钻出来的两个漏斗形状前端相连通的穿绳孔，孔壁上留下旋磨的痕迹。

玉鹰翅膀的凹槽里有石质工具旋磨的划痕。

29.白色玉鹰

材质：和田玉　重12.29克

高x宽x厚，28 x 31 x 10毫米

　　白色玉鹰与残翅玉鹰背后都有两个漏斗形孔，两个孔的前端在玉器深处相接通，这是新石器时代玉器上常见的一种穿绳孔模式。

　　漏斗形孔是石质小钻头钻出来的，孔壁上留下旋磨的痕迹。

　　浅绿玉鹰和白玉鹰上的孔使用的钻头大小不一样，鹰的造型也不同。

30.浅绿色玉虎符

材质：和田玉　重11.48克

高x宽x厚，61x 21.8 x 4.5毫米

　　玉牌的两面被仔细地磨成对称的虎斑条纹，凹槽里留下石质工具旋磨的痕迹。

　　玉虎符两耳之间立着一脊鬃毛，两眼圆瞪。

　　玉牌外形似一条大虫。穿绳后虎头朝下，百兽之王恭顺地为佩戴者驱邪避祸。

31.绿色双联璧

材质：和田玉　重9.08克

高x宽x厚，49 x 21 x 5.5毫米

红山文化区域里双联璧远多于三联璧。

把玉料两面磨平，磨圆玉片的外轮廓，使之成为一头大一头小的梨形。在玉片侧边旋磨出两个槽。双联璧肩部槽沟里留下石质工具旋磨的痕迹。

石质短钻头先后相对旋磨，分四次钻出两个孔。短且外形不规整的石质钻头旋转起来推进一个钻头的长度，运动轨迹近似一个圆锥形，锥尾把孔口两边都磨出一圈斜坡。

32.四个双联璧

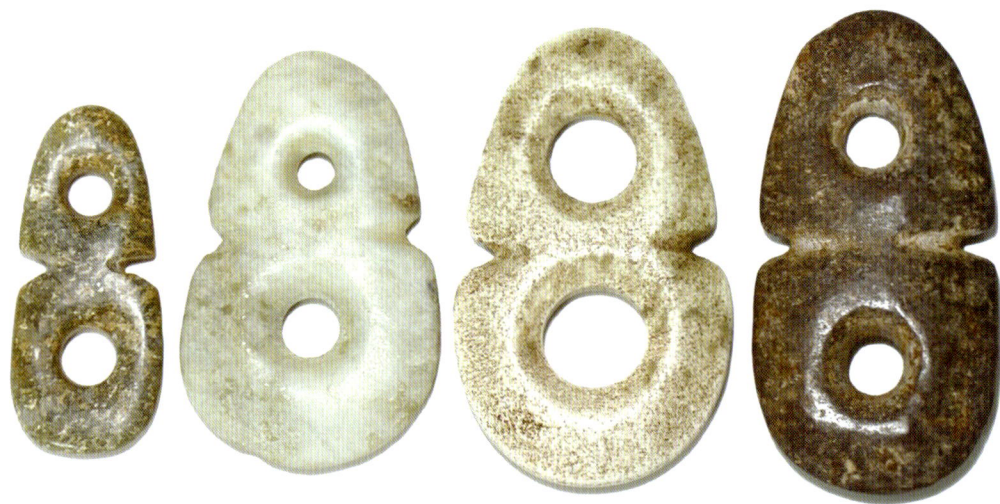

33.三只玉蛙

为了获得穿绳孔，蛙们都要趴在能被石质短钻头钻透的薄玉板上。短小的石质钻头使不同颜色的玉蛙采用了相同的塑造模式，各聚落匠人只在玉蛙的头背部施展手艺。

34.两个狮头玉蜷兽

35.两个玉蜷兽的头顶

36.六个不站立的玉人

五千年前，陕北和东北的古人以贴近大地为至尊地位。

不站立的姿态是两地认可的至尊身份的标志。

红山文化里，权威者才有资格被玉器塑造出全身。

红山文化区域里，历经数千年的文化交流与融合，至尊者形象趋同。至尊者被赋予异于常人的相貌，夸张的眼睛，吻部外突，耳朵套一个尖顶向上的三角形饰物，并脚分腿坐在地上，头上顶着形式不一的高冠，徽冠顶端前倾，张扬着权威。

五个玉人以手扶膝，一个玉人抱臂于膝上。

五个玉人坐在地上，一个玉人蹲着。

姿态差别的原因，玉人没有说。

为塑造臂弯，六个玉人腰部都有两个孔，不用这两个孔穿绳。

在玉人的脖后钻出一对穿绳孔。位置靠上的穿绳孔可以使玉人保持有尊严的姿态，体现出人文意识和对权威者的敬重。

不同的年代，不同的部落，玉器塑造的全身权威者，姿态和装扮相同，揭示出这个区域里，数千年间存在着文化的融合，有着一致的社会形态。

37.站立的玉人

材质：蛇纹石　重53.99克

高x宽x厚，85 x 31.5 x 14毫米

　　站立的玉人与红山文化同时代，文化区域不同。脚蹬靴身着衣，头戴着平顶帽的玉人，立姿和头饰与安徽含山凌家滩出土的立姿玉人近似，与石家河出土的玉人站姿相同。凌家滩玉人背后是用石质工具钻出的一对漏斗形孔。石家河玉人上面的孔是金属工具钻出来的直通孔。

玉人衣裤的褶皱里留下燧石棒旋磨和刮铲的痕迹。

玉人头顶上有两个相对着钻出来的漏斗形孔，孔型纤细，孔的前部相接通形成穿绳通道。孔壁上有旋磨纹。

孔的形状是石质小钻头旋转起来的身影。这枚小石子钻头的体形瘦削。

漏斗形穿绳孔是石质钻头独具的孔型，划定了站立玉人的制作年代。

玉立人的耳垂上有一个没有钻穿的小孔。

安徽含山凌家滩玉人背后是两个纤细的漏斗形穿绳孔，耳垂上是一个小通孔。

玉器上的孔是玉器的出生证，能告诉我们钻孔工具的材质和玉器诞生的时代。

38.玉蜷兽

源自山林间的红山文化，古人按照细腻润泽的选石经验，挑选出和田玉和个别岫玉石材，用相同的蜷卷形状塑造出看到的动物。

玉器选材和玉兽造型的一致，表明五千年前的红山文化地区存在着有效的文化交流。乡音是文化的一种表达形式。东北地区人群方言语音的趋同是长期文化交流的结果。造型相同的远古玉器与操着相近口音人群的居住地，圈划出文化的区域。

图册里玉器的材质：

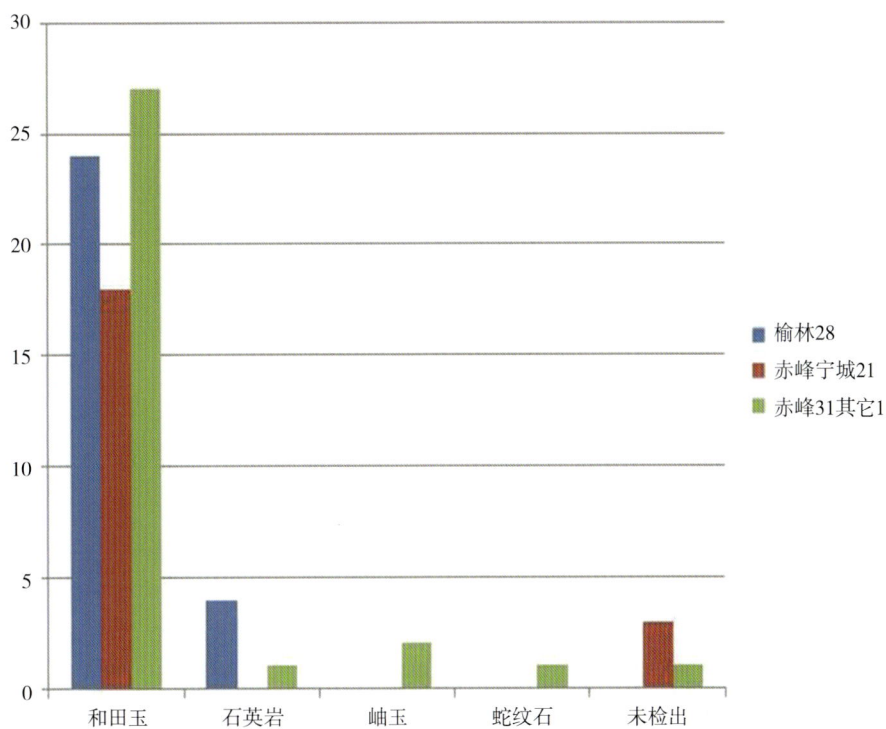

图例：
- 榆林28
- 赤峰宁城21
- 赤峰31其它1

（横轴：和田玉、石英岩、岫玉、蛇纹石、未检出）

作 / 者 / 简 / 介

　　任霖，退休前为机电工程师，对石质工具和金属工具留在玉器上的不同加工痕迹，具有独到的见解。在严谨判定玉器制作年代的基础上，考证距今4400年以前北方玉器的文化内涵。